Escritos

PÁGINAS DE INTERVENÇÃO

I

ORLANDO DE CARVALHO

Escritos

PÁGINAS DE INTERVENÇÃO

I

Notas & Nótulas de Literatura e Arte
(1946-1998)

LIVRARIA ALMEDINA

COIMBRA — 1998

TÍTULO:	ESCRITOS PÁGINAS DE INTERVENÇÃO I
AUTOR	ORLANDO DE CARVALHO
EDITOR:	LIVRARIA ALMEDINA – COIMBRA
DISTRIBUIDORES:	LIVRARIA ALMEDINA ARCO DE ALMEDINA, 15 TELEF. (039) 851900 FAX. (039) 851901 3 000 COIMBRA – PORTUGAL Livrarialmedina@mail.telepac.pt LIVRARIA ALMEDINA – PORTO R. DE CEUTA, 79 TELEF. (02) 2059773 FAX. (02) 2026510 4050 PORTO – PORTUGAL EDIÇÕES GLOBO, LDA. R.S. FILIPE NERY, 37-A (AO RATO) TELEF. (01) 3857619 1250 LISBOA – PORTUGAL
EXECUÇÃO GRÁFICA:	G.C. – GRÁFICA DE COIMBRA, LDA. MAIO, 1998
DEPÓSITO LEGAL:	124315/98 Toda a reprodução desta obra, por fotocópia ou outro qualquer processo, sem prévia autorização escrita do Editor, é ilícita e passível de procedimento judicial contra o infractor.

*Ao **José de Sousa Esteves**
e
ao **Adelino de Carvalho Martin**s*

"Omnino amicitiae, corroboratis jam confirmatisque ingeniis et aetatibus, judicandae sunt"

Cícero, ***De amicitia***, XX

Willst du nicht Aug und Sinn ermatten,
Laufe auch der Sonne nach im Schatten!

Nietzsche, *An einen Lichtfreund*, de *Outros Poemas*, em *Poemas* (antologia de Paulo Quintela, Coimbra, 1986, pág. 130)

Prefácio

De muitos gostos se fez e faz o meu gosto de viver e entre eles avulta a minha paixão pela arte da escrita (com um parêntesis: tenho em alta conta a arte de dizer poesia, que entre nós atingiu elevados cumes, que muito me extasiaram e guardei: não só o João Villaret, mas a extraordinária Maria Barroso, o notável Sinde Filipe, o por vezes soberbo Mário Viegas, não esquecendo, lá fora, o excelente Jean--Louis Barrault, do disco sobre Aragon, o Gerard Philippe, do disco sobre Eluard, ou o Manuel de Mozos de certas noites de Barcelona). Mas falo da escrita, poesia e prosa, porque as artes rítmicas foram-me naturalmente mais acessíveis do que as artes plásticas, só que para a música faltaram-me sempre os indispensáveis conhecimentos técnicos. O meu Pai esteve para me mandar aprender violino, embora a minha preferência fosse para o piano, mas o custo da empresa nem sequer deu para o banjo e para a viola, que meu Pai intuitivamente dominava com habilidade.

Recordo-me da impressão que me causou, era eu estudante, um concerto no Teatro Avenida, visto do "galinheiro", pela Orquestra Colonne, de Paris: tocou-se a 7.ª Sinfonia de Beethoven e o *allegreto* deixou-me em transe. Em extra, veio *O capricho espanhol*, de Rimsky--Korsakov, e a maravilha repetiu-se. Mas foi ainda no Liceu Rodrigues de Freitas que ouvi em gravação a 5.ª Sinfonia. O nosso professor de Canto Coral, Armando Leça, mal conseguia dominar a turbulência da turma, mas a ele se deve a iniciativa dessa revelação. Já formado, o convívio do Prof. Ferrer Correia (um melómano erudito) permitiu-me uma instrução sistemática dos autores clássicos e das suas versões, consoante os intérpretes. Todas as sinfonias de Beethoven, todos os seus concertos para piano e orquestra, o seu concerto para violino e orquestra, sob a direcção de Furtwengler, de Bruno Walter, de Toscanini, as suas sonatas, os seus quartetos; Bach, Mozart, Vivaldi, algum Brahms, algum Bruckner, o Schubert, o Schumann, o Mendelson (o tema do seu concerto para violino tornou-se um dos meus preferidos), Haydn,

Haendel, o Wagner, o Richard Strauss, o Dvorak da *Sinfonia do Novo Mundo* e do admirável concerto para violoncelo e orquestra, os concertos e sinfonias de Tchaikowski, Rachmaninoff, o Mussorgsky de *Uma noite no monte calvo*, o Borodin das *Danças guerreiras*, o Debussy de *La mer* e de *L'après midi d'un faune*, o Gabriel Fauré, o Saint-Saens, o Berlioz... Mais música orquestral que puramente instrumental ou fundamentalmente vocal (operática ou outra), com excepção de Bach, da 9.ª Sinfonia de Beethoven, do indispensável Mozart e de algum Chopin. Este, que se tornou para mim um dos meus ídolos (partilho inteiramente os elogios que lhe faz Thomas Mann, através do André Leverkühn do *Doutor Fausto*, ou do herói da novela *Tristan*, como os de Kundera nos seus *Testamentos traídos*), foi-me familiar desde a minha estada no "Olshausenstudentenheim, em 1953-54, quando, na sala de convívio, eu e o Klaus Erkelenz o ouvíamos extasiados no seu concerto n.º 2, op. 21. Mais tarde, vieram o outro concerto, as polacas, as mazurcas, as sonatas, e, finalmente, a extrema densidade dos nocturnos, dos prelúdios e dos estudos. A última grande emoção foi o concerto de Sviatoslav Richter, no mosteiro de Alcobaça, numa noite de Janeiro de 1995, só com Chopin e Beethoven. Mas recordo-me de Sequeira Costa, no Círculo de Cultura Musical, na Faculdade de Letras, dando uma força ao estudo "revolucionário" que me deixou perplexo. Nos anos 50, além do fenómeno Pierino Gamba, lembro os Festivais de Música da Gulbenkian, onde ouvi Schuricht, Geza Anda, Janos Starker, e, no Tivoli de Lisboa, o violino de David Oistrak, como, no Coliseu, a Filarmónica de Londres; o violino de Heifetz, o *cello* de Rostropovitch, a Orquestra de Câmara de Toulouse; designadamente na *Sinfonia Fantástica* de Berlioz, na 1.ª Sinfonia de Brahms, etc., etc. Em Colónia, na "aula" da Universidade (ainda não havia o novo "Opernhaus"), começou a ópera, com *Os mestres cantores*, de Wagner, o *Rigoleto*, de Verdi, *Os Palhaços*, de Leoncavallo, e *A cavalaria rusticana*, de Mascagni. Mas a ópera gravada veio tarde, com o contributo valioso do cinema (quem esquece a *Lola Montez*, a *Carmen Johnes*, os *Contos de Hoffman*, o *Othelo*, de Iutkevitch, o *West Side Story*, de Bernstein, e o *Amadeus*, de Milos Forman?). Quando adquiri um HF, fiz uma mistura única de *A montanha mágica*, de Thomas Mann, com o concerto para piano e orquestra de Rachmaninoff e o concerto para violoncelo e orquestra de Dvorak. A TV e, principalmente, a Antena 2 (com um intervalo de insânia pretensamente modernista que nos ia deixando todos loucos), aumentaram esse convívio quotidiano, aquela revelando-me o Alban Berg do *Wozzek* e o Kurt Weill, esta tudo o que havia de prestável e de prestante, desde o canto-chão medieval até Monteverdi, Corelli, ao Albinoni do inesquecível *adagio*, a Bellini, a Donizetti, a Rossini (de que só o *Barbeiro de Sevilha* me era familiar), ao Verdi da *Missa*, ao Brahms do *Requiem Alemão*, às óperas de Mozart, ao *Fidélio*, ao Schönberg, ao Mahler, ao Hindmith, ao Gabriel Fauré, aos *lieder*, ao *Peléas et Melisande* de Debussy, ao Gounot, ao Lizt, ao Honneger, a Ianaschek, ao Manuel de Falla, a Gershwin, a Vila-Lobos, às óperas de Richard Strauss, de Puccini (de que, aliás, vi uma *Tosca* razoável no Teatro Avenida de Coimbra, como outra, intolerável, recentemente, no S. Carlos – devendo também à TV apresentações excelentes da *Bohème*, da *Traviata*, de *Othelo*, da *Butterfly*, da *Turandot*, como igualmente, ao vivo, anos atrás, uma *Aida* espectacular no Coliseu dos Recreios, e há pouco tempo um modesto *Nabucco*, no Teatro Gil Vicente.

Não posso passar em claro a música coral – recordo-me da impressão que me causou, no 7.º ano do liceu, a massa masculina do Orfeão Académico de Coimbra, no Coliseu do Porto, orfeão a que pertenci mais tarde e de que cheguei a ser solista dos tenores, deslocando-me com ele à Galiza (Tuy, Vigo e Santiago) em 1945 e ao centro de Espanha (Salamanca e Madrid) em 1947 –, o apuro e virtuosismo dos *Wienersingerknaben* e até, entre nós, das *Pequenas Cantoras do Postigo do Sol*, sob a direcção de Virgílio Pereira, e, nos fins de 50 princípios de 60, o efeito espantoso do *Coro da Academia dos Amadores de Música*, de Lopes Graça, dando-nos as *Canções heróicas*, ou, em Coimbra, graças a Francisco de Faria, o CELUC (Coro dos Estudantes de Letras da Universidade de Coimbra), com os seus *spirituals* e o seu cancioneiro de raiz popular. Com Lopes Graça entrei na música portuguesa, como na de Bela Bartok, tão influente naquele, como no seu trabalho com Giacometti na recolha da música lusitana. Sabia-nos um povo de excelentes intérpretes, desde Viana da Mota e Guilhermina Suggia até Helena Moreira de Sá e Costa e Maria João Pires (cuja *touche* sempre me extasiou), e, na direcção de orquestra, Pedro de Freitas Branco. Na composição, porém, mal conhecida a importância de Carlos Seixas, Domingues Bontempo, Amadeu José Fernandes e do próprio Viana da Mota, os *clichés* nacionalistas de Ruy Coelho, o músico do regime, deixavam-me frio, disso se ressentindo a necessária valorização de Frederico de Freitas, de Luís de Freitas Branco e até o reconhecimento mais cedo do génio de Lopes Graça, como do efectivo valor do Joly Braga Santos e do caso singular, nos nossos dias, de Emanuel Nunes. Ao invés, o génio de Carlos Paredes impôs-se-me desde logo: desde uma noite em que o ouvi, em casa de António Portugal, e da sua participação felicíssima nos *Verdes anos*, de Paulo Rocha. A guitarra portuguesa tornou-se com ele um instrumento complexo, rico, criador, que levou a sua fama aos palcos do mundo (até à Ópera de Francfort) e mais longe, decerto, chegaria se a implacabilidade da doença que feriu o intérprete não o afastasse tão cedo e tão longamente da nossa cultura. Acrescente-se que, além da música erudita, de raiz popular ou não, sempre me interessaram as autênticas formas de folclore urbano, como o fado de Coimbra e o fado de Lisboa. Já não falando da explosão lírica e resistente da balada coimbrã com José Afonso e Adriano Correia de Oliveira (e aquele era um autêntico génio da letra, da melodia e da harmonia baladísticas), como não lembrar as espantosas interpretações de Amália Rodrigues e, mais recentemente, de Carlos do Carmo – nomes perante os quais todo o nosso cançonetismo empalidece e se envilece, pois souberam e puderam aliar à qualidade da dicção e à extensão, maleabilidade e intencionalidade das vozes, uma música de primeira ordem e poemas de excelente nível artístico: Carlos Ary dos Santos, único nesse registo, David Mourão-Ferreira, Pedro Homem de Melo, Alexandre O'Neill, Joaquim Pessoa, etc., etc.? Impossível não compará-los ao melhor Sinatra, a Piaff, a Pacho Andión, a Chico Buarque, a Elis Regina, a Jacques Brel, sem dúvida um dos poetas da canção mais ilustres e verídicos deste século! Os *Beatle*, em Inglaterra, mereceram também o meu entusiasmo. Se o *rock* me incomoda como um *basso continuo* esquizofrénico, uma espécie de droga artística coadjuvante de outras drogas (o Sting que o diga), a beleza de **Summertime** é tão indesmentível como a de **Ne me quitte pas** ou de **A morte e vida Severina** – a que assisti, transido, no Teatro de São João, pelo Teatro Universitário da Universidade Católica de São Paulo.

Ao lado da música, o bailado, apesar do embuste do *Verde Gaio* e do seu corifeu Francis, deu-me a ideia do seu poder através dos grupos populares – os do Minho, os "pauliteiros" de Miranda, os da Nazaré, os do Ribatejo, os do Algarve (reproduzidos, muitos deles, pelo GEFAC, Grupo de Etnologia e de Folclore da Academia de Coimbra) –, através do Cinema (Fred Astaire e Ginger Rogers; Genne Kelly com o seu **Um americano em Paris**, sobre música de Gershwin; Leslie Caron, Sid Cheriss: etc., etc., já não falando na Moira Shearer dos *Sapatos vermelhos* e no *Romeu e Julieta*, com Galina Ulanova, ou, ao vivo, através do *flamenco* do "Tablado" de Sevilha, ou, em Lisboa, da maravilha da *Raymonda* e do *Lago dos Cisnes*, com Margot Fontayn (que me fazia esquecer os desequilíbrios e *gaucheries* dos círculos de bailado nacionais e a sua incipiência quase dolorosa), em Leninegrado, no teatro Kyrov, do *Quebra-nozes*, em 1972, no Bolshoi de Moscovo, no mesmo ano, da *Ana Karenina*, com Maya Plissetskaya, e também lá, em 1988, da *Gaivota*, sobre texto de Tchekof, ou, já antes, em Coimbra e em La Habana, da arte incomparável de Alicia Alonso. Claro que a TV alargou de modo muito mais rico estes estreitos horizontes. Ainda há dias me surpreendeu um *Lago dos Cisnes*, retransmitido de Londres, em que os cisnes eram homens.

A pintura e a escultura, além das ofertas dos museus portugueses, sobretudo, o Museu Soares dos Reis, com os seus Pousão (que me apaixonou seriamente), Silva Porto, Columbano, Teixeira Lopes e Soares dos Reis – cujo *Desterrado* e cuja *Flor agreste* me seduziram, tal a pureza do mármore e a pungência das obras –, o Museu Nacional de Arte Antiga, com o seu Hyeronimus Bosch, a mais do célebre tríptico dito de Nuno Gonçalves, o Museu de Amarante, com a sua colecção de Amadeo de Sousa Cardoso, o Museu Machado de Castro, de Coimbra, o Grão Vasco, de Viseu, a Josefa de Óbidos, etc., beneficiaram das idas ao estrangeiro, com a riqueza de El Prado (El Greco, Velasquez, Ribera, Murillo, Goya), de Toledo (*O enterro do Conde Orgaz*), do Louvre com o manancial da *Orangerie*, de Roma, sistematicamente percorrida desde o Museu Nacional das Termas, ao Museu da Villa Borghese, aos Museus Vaticanos, incluindo a Capela Sistina e a *Loggia* de Rafael, da *Galeria Pitti* e da *Galeria degli Uffizi* em Florença, dos museus de Amsterdão, incluindo a Casa de Randbrandt, de Roterdão e da Haia, de Bruges e Gand, do *British Museum* e da *Tate Gallery*, em Londres, do *Modern Art Museum*, em Nova Iorque, do *Hermitage*, em Leninegrado, e da galeria *Tetrikov*, em Moscovo, da *Ceia* de Leonardo em Santa Maria delle Grazie, do Museu de Berlim e a sua Nefertiti – tudo visto a preceito, anotando, descrevendo, como no meu período de bolseiro em Roma, na companhia inestimável de Jim (sem esquecer as galerias particulares de Via Babuino), ou sob a égide do círculo de Artes Plásticas de Coimbra, que acompanhei a Amsterdão, a Paris e a Londres, ou já à solta, no *Viglandspark* de Oslo ou na visita a Atenas, a Delfos e a Istambul. De toda a maneira, foram artes que vi sempre de fora e, com a destruição da perspectiva, mais por intuição do que por verdadeira cognição. Agradeço muito a Joaquim Namorado, artista e homem lucidíssimo, o que me ensinou, dentro das suas preferências, sobre a força e a riqueza da nossa gravura contemporânea e as lições sobre Picasso, Orozco, Portinari, Júlio Resende, Júlio Pomar, Manuel Pavia, Manuel Filipe, etc.

    Foi na literatura, porém, que o meu gosto se concentrou, mais na poesia, certamente, mas também muito no romance, na novela, no conto, na crónica. Aí se concentram os meus primeiros escritos, todos eles dos tempos de estudante e com alguns preconceitos idealistas, como no texto sobre Torga e Casais Monteiro e nos escritos sobre **Mas Deus é grande**, de Régio, e **Subida al Amor**, de Carlos Bonsoño. Já não assim, suponho, nos escritos posteriores, de estudante ou não, sobre Assis Esperança, Régio, Camus, Quasimodo e Saint-John Perse. Com um breve intervalo para a mímica de Marceau (que artista genial!), o convite para vice-Presidente da Assembleia Geral do Clube de Cinema de Coimbra, cujo Presidente de Direcção, Júlio Sacadura, estava havia anos em Lisboa, esse convite que me foi dirigido pelo meu grande Amigo e inesquecível homem de Ciência, Luís de Albuquerque, fez-me entrar em 1959 no movimento cineclubista, onde o C. C. de Coimbra, a par do Cineclube do Porto, dirigido por Alves Costa, e com o *Imagem* e o Cineclube Universitário de Lisboa, onde conheci o Fonseca e Costa, o Alberto Vaz da Silva, o Seixas Santos, etc., desenvolvia uma luta permanente contra as estruturas do Estado Novo e a Secretaria de Estado da Cultura, que impedia toda a expansão e difusão do grande cinema não cúmplice. Com a técnica das homologações, com a reserva da cinemateca aos apaniguados e amigos, com a organização de um cineclubismo paralelo e dócil, se não conivente, em que apareciam nomes que vieram a ocupar lugares-chave, surpreendentemente, depois do 25 de Abril, com a difícil disponibilidade de salas de espectáculos, com os preços dos alugueres de películas, etc., etc., a luta do cineclubismo livre era terrível, se não desesperante. E não era apenas o cinema de combate (e houve-o, deveras, no tempo do maccarthysmo), mas todo o cinema não imediatamente rendível, ou havido como tal, que não chegava aos espectadores. Lembro **Les anges du péché** e **Les dammes du Bois de Boulogne**, de Bresson, o **Fugiu um condenado à morte**, do mesmo *metteur-en-scène*, o Buñuel, o Eisenstein, o Pudovkin. Na curta-metragem era o Resnais de **Nuit et Brouillard**, por exemplo. As lutas do movimento académico em Lisboa e Coimbra, desde 1960, tornaram as dificuldades do cineclubismo ainda maiores. Se o C. C. de Coimbra nunca teve a Direcção homologada desde que eu fui eleito Presidente da Direcção em 1960 — pois a assinatura de um manifesto, a exigir um inquérito à PIDE, fizera-me *persona non grata* e objecto de um processo político, com apreensão do passaporte ainda antes do julgamento, processo amnistiado com a celebração do Centenário do Infante D. Henrique —, mas esse obstáculo torneou-se sem resposta, porque os estatutos do CCC atribuíam a competência ao ME e a lista directiva era enviada sempre para este, que a devolvia à SEC, e, neste vai e vem folgavam sempre as costas do Clube, no mesmo ano de 1960 houve uma cena caricata que levou a PIDE de Coimbra ao rubro. Num certo dia havia em Coimbra uma reunião de cineclubes e, estávamos todos a começar a almoçar no "Real das Canas", quando entrou uma brigada da PIDE, comandada pelo Inspector Sacchetti, e deteve subitamente todo o grupo. Lá fomos, em descapotáveis da Polícia, para a R. Antero de Quental, onde se descobriu, com embaraço notório, que nós não éramos o grupo de estudantes cuja reunião inter-universitária se programara para ao mesmo dia e que o Governo entendia proibir. Lá fomos reconduzidos, por vielas estreitas, ao "Real das Canas", com sério susto de alguns e franca pilhéria dos outros. As dez notas ou nótulas que a colectânea inclui desde o artigo sobre Saint-John Perse, vêm todas dessa actividade no Clube de Cinema, onde tive colaboradores que não desejo esquecer. Cito-os por ordem alfabética: Alfredo Soveral Martins, ex-assistente da Faculdade de Direito de Coimbra, advogado, falecido em 1997; Álvaro Luz e Silva, psiquiatra no Hospital Miguel Bombarda, em Lisboa; Aníbal de Almeida, professor da Faculdade de Direito de Coimbra; António João Moura Marques, médico em Coimbra; António José Soares, jurista em Coimbra; António Lima Guerreiro, licenciado em Direito, escritor; António Manuel Leitão Marques, médico cardiologista no Centro Hospitalar de Coimbra; António Manuel da Silva Melo, advogado em Ponta Delgada; Carlos Araújo, licenciado em Filologia Germânica, colaborador da "Dom Quixote"; Décio de Sousa, director clínico do Centro Hospitalar de Coimbra; Felix Stricker, médico-cirurgião na Alemanha; Fernando António de Almeida, historiador, escritor, autor de um belo ***Esmirna, cidade azul***; Francisco José Moutinho dos Santos, médico tisiologista do Centro Hospitalar de Coimbra; Joaquim Eduardo Loureiro, reformado da "Casa Campião"; Jorge Manuel Amado de Aguiar, bancário em Lisboa; Jorge Manuel Miranda Peixoto, licenciado em Filologia Românica, professor do

Ensino Secundário em Guimarães, falecido em fins de 1990; Jorge Manuel Ormonde de Aguiar, médico nos Açores; Jorge Strecht Ribeiro, advogado no Porto e deputado pelo PS; José Carlos de Vasconcelos, advogado, jornalista, director do "Jornal de Letras"; José Gomes Bandeira, licenciado em Direito, jornalista no "Jornal de Notícias"; José Jacinto da Costa Sousa; José Summavielle Soares, licenciado em Direito, colaborador da "Unilever" no Porto; Judite Dória Cortesão, licenciada em Filologia Românica, professora do Ensino Secundário em Lisboa; Luís Bagulho, médico em Lisboa, falecido em 1979; Maria Cília Ribeiro dos Santos, procuradora da República nas Caldas da Rainha; Maria de Fátima Saraiva, licenciada em Ciências Geográficas e professora do Ensino Secundário especial em Coimbra; Parcídio Summavielle Soares, licenciado em Direito, ex-Presidente da Câmara de Fafe; Vasco Manuel Airão Marques, advogado no Porto; Vasco Reis, licenciado em Direito e administrador hospitalar em Lisboa. Recordo-os pela sua dedicação e coragem moral, designadamente durante as minhas prisões em 1961 e 1962. Os ciclos sobre "Cinema e Western", "Cinema e Bailado", "Para um cinema interior", "Europa, Europa" e "América, América", os cursos sobre linguagem cinematográfica, os colóquios, os festivais de curta-metragem, etc., deram aos anos 60 de Coimbra uma marca dificilmente prescritível. Foi com a apresentação do *Couraçado Potiemkin*, em 1969, em plena crise académica, que encerrou praticamente as suas portas. Os textos incluídos ou provêm de rápidas apresentações na *Via Latina*, ou de comentários na *Vértice* ou de programas das sessões do Cineclube na parte redigida por mim.

Com um intervalo para a contracapa do disco *Flores para Coimbra*, onde o António Bernardino, tão cedo desaparecido, cantou um poema meu, musicado subtilmente pelo actual médico Dr. Francisco Filipe Martins, mas onde homenageio o papel que na arte resistente teve a guitarra de António Portugal, voltam as notas sobre cinema, publicadas na *Vértice*, revista de que fui redactor até à saída de Joaquim Namorado, num processo que me pareceu inútil e extremamente injusto para alguém que, com as suas ideossincrasias, foi a alma da revista durante décadas e décadas. De mistura com o cinema, aparece o teatro, a que, apesar do exclusivismo quase xenófobo do TEUC, me permitiu assomar a criação do CITAC (Círculo de Iniciação Teatral da Academia de Coimbra) em fins dos anos 50 e que nos anos 60, com Luís de Lima, Carlos Avilez e, sobretudo, Victor Garcia, atingiu níveis de fulgor dificilmente igualáveis. Com os ciclos de teatro organizados pela instituição, patrocinada pela Fundação Calouste Gulbenkian (sob o impulso do administrador Ferrer Correia), pude ver o muito do que de melhor se fazia no país, deste o TEP (de que vi *A morte de um caixeiro viajante*, de Arthur Miller, a *Viagem ao fim da noite*, de Eugene O'Neill, *O crime da aldeia velha*, de Bernardo Santareno) aos vários grupos de Lisboa (*As raposas*, de Lilliam Hellowen, *À espera de Godot*, de Samuel Bekett, *Um homem para todas as estações*, de Robert Bolt, *Doze homens em fúria*, de Reginald Rose, *O dia seguinte*, de Luís Francisco Rebelo, etc.). Antes, ainda nos anos 40, não me esqueço de *A casa de Bernarda Alba*, de Garcia Lorca, com o elenco do Teatro Nacional e nele Maria Barroso, cuja atitude cívica, que em breve a levaria à interdição, mereceu no fim, como estudante de Letras que era, uma pasta com as fitas azuis-escuras; e já nos últimos anos 50 a sua volta ao teatro, também na cena do "Avenida", com *A Voz humana*, de Cocteau. Lembro ainda o *show* da Eunice Muñoz, acolitada pelo um pouco hirto Jacinto Ramos, no duo do *Adorável mentiroso*. Entretanto, o TEUC, depois do seu excepcional esforço vicentino, que nas *Barcas* nos deu os mais convincentes diabos da cena portuguesa, com o Diniz-Jacinto, o Vasco Teixeira de Queiroz e o Rui Carrington, e, na *Farsa de Inês Pereira*, no *Pranto de Maria Parda* (inesquecível na interpretação de Fernanda Dias), no *Auto da Índia* e no *Breve sumário da história de Deus*, fez jus ao nome de *Teatro Gil Vicente* que acabou por dar-se ao teatro das instalações académicas, como ao nome de *Teatro Paulo Quintela* que se deu ao teatro da Faculdade de Letras de Coimbra, o TEUC teve nos fins de 50 e princípios de 60, ainda sob a direcção de Quintela, certa modernização do seu reportório, já com *El retablillo de Don Cristóbal*, feito com enorme delicadeza, já e principalmente com *A sapateira prodigiosa*, de Garcia Lorca, onde Quintela contracenou com Margarida Lucas. Após uma temporada no TEP, onde encenou *Arlequim, servidor de dois amos*, de Goldoni, e *As guerras do alecrim e da mangerona*, de António José da Silva (O Judeu), Luís de Lima veio para o CITAC, começando com *Conversação Sinfonieta* e *Professor Taranne*, de Adamov. Fez, em seguida, *O tinteiro*, de Prista Monteiro, e propunha-se *A morte na catedral*, de T. S. Eliot, que foi proibida pela censura. Encenou então o *Tartufo*, de Molière, dirigindo eficazmente Francisco Delgado. Substituiu-o depois Carlos Avilez, ajudado pelos cenários de Francisco Relógio, encenando *As bodas de sangue*, de Garcia Lorca, com uma bela interpretação de Helena Aguiar. No ano seguinte, sucede-lhe Victor Garcia e esse autêntico génio argentino criou *O grande teatro do mundo*, de Calderón, em termos que lhe valeram o 1.º prémio no Festival Internacional de Teatro de Liège em 1968. Em seguida, cria *Assim que passem cinco anos*, de Garcia Lorca, em tradução minha e de Aníbal de Almeida, o qual ficou tristemente ligado à morte trágica de Helena Aguiar, com uma degenerescência amarela do fígado. Espectáculo de enorme beleza, apesar da incipiência de alguns intérpretes, e que representou um *tournant* de Victor Garcia que o levou à tentativa malograda da encenação, quase sacrílega, da *Parábola do Banquete*, de Claudel, e que, após ter encenado no Teatro de Cascais *As criadas*, de Genêt, o fez regressar a França, onde encenou um prodigioso *Cemitério dos automóveis*, pouco antes da sua morte súbita nos fins dos anos 70. Estavam em moda os argentinos: de Lavelli pude ver em Paris, no teatro das Halles, um extraordinário *Orden*, sobre a guerra civil de Espanha. Evidentemente que tenho de agradecer ao cinema o conhecimento de Shakespeare, com o *Hamlet*, o *Henrique V* e o *Ricardo III*, de Laurence Olivier, o *Othelo* e o *Macbeth*, de Orson Welles, o *Julius Caesar*, de Mankiewicz, o *Romeu e Julieta*, de Franco Zefirelli, o *Rei Lear*, de Bragan, e até a *Cleópatra*, de Mankiewicz (apesar da sua tremenda extensão), bem como do teatro de Arthur Miller, com *As bruxas de Salem*, de Raymond Rouleau, e do teatro de Tennessee Wiliams, com o *Bruscamente, no verão passado*, de Mankiewicz, *A Rosa tatuada*, de Daniel Mann, *Paragem de autocarro*, de Joshua Logan, *Um eléctrico chamado desejo*, de Elia Kazan, o *Doce pássaro da juventude*, de Richard Brooks, o *Fumo de Verão*, de Peter Glenville, *Gata em telhado de zinco quente*, de Richard Brooks. E alguns romances célebres. Cito ao acaso: *As ligações perigosas*, o *Diário de um pároco de aldeia*, a *Sinfonia pastoral*, *O Estrangeiro*, *O Vermelho e o negro*, *Uma vida*, *A Dama das camélias*, *Nossa Senhora de Paris*, *Os miseráveis*, *Thérèse Desqueyroux*, e até *Querelle de Brest*, na literatura francesa; *O monte dos vendavais*, *A servidão humana*, *A paixão de Jane Eyre*, *Grandes esperanças*, *Oliver Twist*, *Orgulho e preconceito*, *Tom Jones*, *O poder e a glória*, *O americano tranquilo*, *Lord Jim*, *O amante de Lady Chaterlley*, na literatura inglesa; *O Leopardo*, *O nome da rosa*, na literatura italiana; *Voando sobre um ninho de cucos* e *A insustentável leveza do ser*, na literatura checa; *O processo*, *As aventuras de Felix Krull*, *O Tambor*, *A morte em Veneza*, *O Arco do Triunfo*, e, muito atrás, *O lago dos sonhos*, na literatura de língua alemã; a ***Ana Kerenina***, ***A guerra e a paz***, ***O jogador***, ***O Dr. Jivago***, na literatura russa; ***As vinhas da ira***, ***Por quem os sinos dobram***, ***E tudo o vento levou***, ***A leste do paraíso***, ***Moby Dick***, ***Os dez dias que abalaram o Mundo***, ***Terna é a noite***, ***O grande Gatsby***, na literatura americana; o ***Quo Vadis***, na literatura polaca; ***Dom Quixote*** e ***Dona Bárbara***, na literatura castalhana; etc., etc.

O cinema português, após as tentativas dos anos 20, e, no sonoro, ***A Severa***, de Leitão de Barros, e ***A canção de Lisboa***, de Cotinelli Telmo, já nos começos de 30 entrou no folclorismo de ***O gado bravo***, de António Lopes Ribeiro, ***O trevo de quatro folhas***, de Chianca de Garcia, ***Maria Papoila***, de Leitão de Barros, ***As pupilas do Senhor Reitor***, de António Lopes Ribeiro, ***A aldeia da roupa branca***, de Chianca de Garcia, e ***João Ratão***, de Jorge Brum do Canto; no elogio do regime com a ***Revolução de Maio*** e ***O feitiço do Império***, de António Lopes Ribeiro; ou nas pretensas reconstituições históricas, como o ***Bocage***, de Leitão de Barros. Digno de nota é, além do filme de Cotinelli Telmo, ***A canção da terra***, de Jorge Brum do Canto. O êxito dessas películas deve-se em grande parte à popularidade de vedetas como Vasco Santana, Dina Teresa, Mirita Casimiro e, sobretudo, Beatriz Costa. Os anos 40 abundaram num sempre mitificado folclore urbano, em que a Vasco Santana se juntaram António Silva, Maria Matos, Josefina Silva e Francisco Ribeiro ("Ribeirinho"). Recordo ***O pai tirano***, de António Lopes Ribeiro, ***O pátio das cantigas***, de Francisco Ribeiro, ***O Costa do Castelo*** e ***A menina da rádio***, de Artur Duarte, ***A cantiga da rua***, de Henrique de Campos, etc., etc.. Em ***Os lobos da serra***, Brum do Canto tenta nova pesquisa rural, como Leitão de Barros fizera com ***Ala Arriba!***, mas em ***Fátima, Terra de Fé*** e ***Chaimite***, Brum do Canto dava-se à glorificação do regime. Continuam as pretensas reconstituições históricas, com o ***Camões***, de Leitão de Barros, e a utilização indecorosa de grandes obras literárias, como o ***Amor de perdição***, de António Lopes Ribeiro, ***A morgadinha dos Canavais***, de Caetano Bonnucci (e, já antes, ***Os Fidalgos da Casa Mourisca***, de Artur Duarte), o ***Frei Luís de Sousa*** e ***O Primo Basílio***, de António Lopes Ribeiro, para além da exploração, num sentimentalismo piegas, de artistas célebres do toureio ou da canção, como de Diamantino Viseu e Manuel dos Santos em ***Um homem do Ribatejo***, de Henrique de Campos, ***Sangue toureiro***, de Augusto Fraga, e ***Sol e toiros***, de José Busch, e de Amália Rodrigues, desde ***Capas negras***, de Armando Miranda, a ***Fado***, de Perdigão Queiroga. As próprias combinações com o estrangeiro iam por aí, como nos mostram **Vendaval Maravilhoso**, de Leitão de Barros, em entente com o Brasil, e **As ilhas encantadas**, de Carlos Vilardebó, realizador francês. De todo o modo, além da debilidade dos argumentos e da sua subserviência estrita à ideologia dominante, tratava-se frequentemente do pior teatro filmado e que a dessincronização imagem-som fazia verdadeiramente intolerável. Foi um *"temps du mépris"* em matéria de cinematografia. Só em fins de 50 e princípios de 60 surgiu uma lufada de ar fresco com **Os saltimbancos**, de Manuel Guimarães, e **Dom Roberto**, de Ernesto de Sousa. Mas o público desaviera-se do nosso cinema e era difícil fazê-lo acorrer. Foi com **Verdes anos**, de Paulo Rocha, com música de Carlos Paredes, que se deu o salto sobre o abismo. Era uma Lisboa simples e verídica que subia à cena e começava a comover o espectador. Seguiu-se **Belarmino**, de Fernando Lopes, e, desde aí, mais do que o contributo de António Macedo, com **Retalhos da vida de um médico** e **Domingo à tarde**, sobre obras de Fernando Namora, foi o impulso ainda de Fernando Lopes, com **Uma abelha na chuva**, e de Fonseca e Costa, com **Kilas, o mau da fita**, **Sem sombra de pecado** e **O lugar do morto**, para lá de **Manhã submersa**, de Lauro António, que congraçou o público com o nosso cinema. De destacar, obviamente, Manuel de Oliveira, que já nos dera **Douro, faina fluvial**, nos anos 30, e **Aniki Bobó**, nos começos de 40, para só mais tarde nos dar obras que dele fizeram um mestre reconhecido do cinema europeu. Se **O Passado e o Presente** a mim me deixa frio, já não, contra a opinião dominante, o seu **Amor de perdição**, onde o dizer se substitui claramente ao declamar (que parecia endémico nos nossos actores teatrais) e o ritmo intencionalmente lento e romanesco transmite uma escolha de meios, uma elocação cinematográfica, uma economia fiel, que pela primeira vez não tornam caricato o texto de Camilo. Há algo de Bresson na sua *mise en scène*, algo do seu jansenismo, que dá um rosto novo à nossa filmografia. Com **Francisca** e, mais actualmente, com **Vale Abraão**, sobre texto de Agustina Bessa-Luís, o ritmo e a utilização da cor criam uma atmosfera de densidade impressionante. Não vi os outros filmes, designadamente **Le Soulier de Satin**, sobre texto de Claudel, mas, apesar de uma avidez de mestres num campo em que nunca os tivemos e que fez dele, talvez *à contre coeur*, uma espécie de cineasta do regime democrático pós-25 de Abril, Manuel de Oliveira merece, sem dúvida, o reconhecimento que não lhe tem sido omitido. Outros autores se lhe juntam, como nos últimos anos, um João César Monteiro e, muito antes, *Trás-os-Montes*, de António Reis, o Paulo Rocha de *Cerromaior* e o *Oxalá* de António Pedro de Vasconcelos.

Mas o cinema, que vencera vitoriosamente a crise do sonoro (Charlie Chaplin faz as suas grandes obras já depois deste e elas permanecem mudas: *Luzes da cidade*, *A quimera do ouro*, *Tempos modernos*, onde, como sabemos, começa a titubear, para entrar no sonoro com *Mr. Verdoux*, *Luzes da ribalta*, *O grande ditador* e *Um rei em Nova Iorque*); que só ganhou com a objectiva de Gregg Toland, que lhe deu a profundidade de campo; que afrontou eficazmente a cor, desde a *Agfacolor* à *Technicolor* – *E tudo o vento levou*, dos começos de 40, é já uma apoteose –; não consegue resistir longamente à televisão. Atravessa os anos 50, 60 e 70, com alguma dificuldade, refugiando-se no cinema de autor, na *"Nouvelle Vague"* – o cinema de exteriores –, na dessincronização e desdramatização de Bresson, de Resnais, de Jean-Luc Godard, num como que regresso a C. B. de Mille como no filme *Cleópatra* de Mankiewicz, ou na mistura de sexo, violência e efeitos especiais como em *A laranja mecânica* e no *2001* de Stanley Kubrick, ou, a outro nível, na complexidade romanesca e efabulativa de *Providence*, de Resnais, mas, apesar disso, o seu crepúsculo é patente nos anos 80 e seguintes. Para vencer a fagia imparável do pequeno *"écran"*, só rebentando com ele, apropriando-se de todas as suas conquistas (as séries, o *video*) e levando ao auge a sua sede de audiências através de uma exploração sistemática e holocáustica da violência, do sexo e dos efeitos de imagem, de som, de ritmo, que o pequeno *"écran"* não consegue atingir. Mas é duvidoso se tais concessões não representam a sua morte. Esse meter o espectador na tela, como se sofresse os embates de todas as figurações e representações, é não só a morte da distanciação mas o cúmulo da projecção-identificação como a que uma história pobre e um sucesso historicamente circunscrito nos dão no hoje celebradíssimo *Titanic*, de James Cameron, metendo o espectador transido nos imensos *travellings* dos corredores inundados, ou fazendo-o boiar entre os destroços com um destroço mais, sem salvação, sem inspiração... Apetece voltar a *Charlot* ou ao grand *Méliès* ou a *O Gabinete do Dr. Cagliari*... Ou à não história de *Uma viagem à Itália*, de Rosselini, sempre com uma saudade intensa do *huit clos* de *A corda* de Hitchcock, da balada lírica de *Johnny Guitar*, de Nicolas Ray, do *suspense* comovedor de *Rebecca*, do mesmo Hitchcock, do jogo de espelhos de *L'anné dernière*, da minuciosa estratégia da liberdade de *Un condamné à mort s'est échappé*, da psicologia adolescente de **Les 400 coups**, do campo contra-campo de **Breve encontro**, se não da capacidade quase dostoiewskiana de **Rocco e seus irmãos** ou do incesto sublime de **As vagas estrelas da Ursa**, para não falarmos da poesia pura de **A estrada**, ou da violência diegeticamente precisa de **Bonny e Clyde** ou da límpida emoção de **Os morangos silvestres**. O cinema-cinema, o cinema rigor, o cinema não imagem e som desbordantes, mas densa, íntima e discreta narração que se goza em grandes espaços como uma sinfonia de Mahler ou em solitária delícia como um *quattor* de Beethoven ou os nocturnos de Chopin por Maria João Pires. Talvez então se reaprenda porque é que **Citizen Kane** é o melhor filme da história e porque é que nestes tempos de fantasias trans-espaciais ou trans-temporais **Casablanca**, um filme modesto, comove mais e mais honestamente do que **Regresso ao futuro**.

Após a reflexão sobre o impressionismo alemão e a minha nota sobre a teatralização de **Felix Krull**, voltei à literatura a tempo inteiro, com o texto sobre as traduções de Rilke, a evocação de José Régio, as duas entrevistas e o recente texto sobre poesia, palavra e discurso. O problema da tradução poética interessa-me muito. Eu próprio traduzi Quasimodo, Perse e Ungaretti, sentindo que, se a transmissão da ideia é importante, a da forma não o é menos, pelo que a tradução tem de ser um contínuo compromisso entre as duas coisas. Quando traduzi

E come potevamo noi cantare
Con il piede straniero sopra il cuore

por

E como é que podíamos cantar
Com o pé estrangeiro sobre o peito

sabia muito bem que "peito" não é "coração", mas o mais importante era o *sobre*, o *esmagar*, o que não resultava em

Com o estrangeiro pé no coração.

A tradução literal tinha de sacrificar o decassílabo, destruindo toda a força e harmonia do poema. São escolhas subtis, como estas, que o tradutor tem de fazer, mesmo entre línguas parecidas – e devo dizer que muitos, ou até a maioria, não as fazem. Porque, tendo o tradutor de ser poeta, tem o sentimento de que é um sangrar-se em saúde. Preferível fazer a sua poesia. A homenagem a Régio, lida em Vila do Conde na celebração do 1.º ano da sua morte, era uma homenagem a um poeta que foi dos maiores deste século no nosso país, mas que o facto de ser crente (embora não confessional) deixou na sombra anos de mais. As entrevistas foram à volta do meu *Sobre a noite e a vida*, mas dizem coisas que creio serem dignas de registo. O último artigo é uma volta à volta do meu tema preferido – a poesia. O que é ela?

É uma re-criação através da re-nomeação do mundo, ou melhor, e na fórmula densa de Claudel, uma *re-con-naissance* do universo, um nascer de novo com o universo, termo que é uma desmontagem hábil e irreprodutível com este efeito na nossa língua, pois reconhecimento não é reconnascimento, mas cuja ideia é extremamente exacta e feliz. Ver as coisas como se as víssemos pela primeira vez, na sua radiosa e súbita epifania. A pesquisa disso, dos seus riscos, êxitos e frustrações, é que nos ocupa nesta pequena viagem.

Coimbra, 1998

1

ACERCA DE *VINDIMA*, DE MIGUEL TORGA E *ADOLESCENTES*, DE CASAIS MONTEIRO

> *Sobre a minha estante, dois livros novos:*
> ***Vindima*** *de Miguel Torga e* **Adolescentes** *de Casais Monteiro.*
> *Na capa de cada um deles, encimando o desenho de maior ou menor gosto, um bilhete de visita: – romance.*
> *Para o público ficar elucidado.*

Todos sabem que Miguel Torga e Adolfo Casais Monteiro são dois *grandes* da Presença. E que tanto um como o outro pagam tributo à deusa da Poesia. De modo algo diverso, é claro. Ao primeiro – o mais essencialmente poeta – ninguém discute a validade e a nobreza do seu tributo. O segundo é menos indiscutível. Talvez porque, sendo menos humilde na aceitação da verdade das formas, trocou de algum modo a beleza pelo exotismo. Uma opinião pessoal, simplesmente.

O que é objectivo é que estes dois celebrados nomes do lirismo português contemporâneo trouxeram a lume, respectivamente com **Vindima** e **Adolescentes**, as suas pretensões ao género romanesco. Mas valeu a pena? Ganhou com ter insistido novamente o criador de **Senhor Ventura**? Poderá dizer-se um bom começo este primeiro passo de **Adolescentes**?

Vejamos o que me é dado pensar.

Vindima de Miguel Torga acentua aquelas qualidades de escritor já postas em relevo nos livros **Diário**, **Montanha** e **Novos contos da**

montanha. Não resta dúvida de que estamos em face de um grande estilista. O poder de evocar, em duas ou três frases, o brilho duma paisagem ou a temperatura de qualquer ambiente, é, segundo creio, uma das mais notáveis virtudes do criador de **Bichos** e de **Rua**. De ***Vindima*** ficarão para sempre trechos com essa descrição da encosta vindimada, no começo do cap. vi. Aí se deixa aflorar um alto sentido de poesia, como orvalho subterrâneo que humedece as palavras e tudo sobrepaira de uma respiração suavíssima de graça. Esse discreto lirismo que alimenta de frescura a prosa deste escritor, é menos insinuado e mais transparente no cap. xlii (A morte de Alberto), l (o enterro), e lv (o cap. final: – o regresso a Penaguião e a morte de Angélica), onde Miguel Torga é sobretudo o lírico do **Diário** e do **Outro livro de Job**.

Bem escrito, ***Vindima*** não pode, todavia, dizer-se um romance. O sentido particular de construção e de medida, a faculdade de erguer uma história ou de reconstituir as linhas fundamentais de um drama, apartando o essencial do acidental, o que exprime do que apenas completa, – não o encontramos nós no decurso dos variados capítulos que o constituem. Nota-se, pelo contrário, uma dispersão constante, um amontoar algo desordenado de quadros e de sucessos, onde o leitor dificilmente descortina uma corrente fundamental.

Romance de caracteres, não pode sê-lo.

Alguns apontamentos vivos de psicologia não bastam para definir com profundeza um dado tipo humano. Os actores que M. Torga trouxe ao proscénio da sua ***Vindima*** não chegam a tomar forma. Esvaem-se em vagos reflexos de personalidade, sem nos darem a medida do seu todo, sem os vermos jamais de corpo inteiro. Podem replicar--nos que o grande actor do romance é, neste caso, a silhueta rude do homem do Douro, movimentando-se em pano-de-fundo cheio de vigor e de realismo. Msmo assim. Se foi intuito do escritor pintar uma certa região e os seus habitantes, também lhe diremos que viu falso, não trazendo para o seu livro o que mais importa para caracterizar o Alto--Douro e a vida do Alto-Douro.

A este defeito de não-essencialização, junta-se a preocupação sexual, que em Miguel Torga vence qualquer ditame e se exprime com uma insistência mórbida que não está longe da torpeza. É um "apelo do chão", uma ânsia "de paz... saibrosa e quente como a vida". Mas também muito próxima daquela "íntima e doce fermentação" que o autor parece desejar, com certa fúnebre volúpia, para termo das suas angústias terrenas.

O romance *Adolescentes*, escrito com outro aprumo literário, revela igualmente um superior sentido de construção e de análise. A sua linguagem é, no entanto, menos bela do que a de Miguel Torga. O seu poder descritivo menos intenso. E, sobretudo, uma muito difícil dialogação que o distancia nitidamente da vivaz naturalidade dos diálogos torgueanos. Sente-se que Casais Monteiro evita, por natureza ou por menos confiança, a conversa entre as personagens. Quando o facto tem de ser, patenteia-se uma insuficiência de vida, um modo-de-dizer tão pouco corrente e tão pouco natural, que o torna penoso e forçadamente literário.

A trama romanesca, mais ordenada no seu fio essencial que a parca efabulação de *Vindima*, circunscreve-se modestamente no âmbito de um *namoro*. Além de Manuela e de André, raras figuras aparecem no romance, e ainda numa muito rápida, furtiva aparição, que nada influi ou modifica na linha do entrecho.

Limitando-se a tão confinadas proporções, podia, não obstante, Casais Monteiro ter-nos dado qualquer coisa de mais profundo, de mais humano e vigoroso. Podia ter descido, com intenção iluminadora, ao claro-escuro daquelas duas vidas, procurando trazer aos olhos do público os problemas que tumultuam no coração de cada adolescente e que não são, de modo nenhum, apenas um problema sexual. Essa idade dramática, onde toda uma revolução anímica se opera, envolvendo um conjunto universal de questões, podia ter-lhe fornecido larga matéria de debate. Podia e devia – para ser fiel ao título geral de *Adolescentes*, que prevê a intenção de fixar um panorama, quanto possível completo, da problemática juvenil – trazer à luz do prelo um depoimento vivido dessa época ingrata e difícil, que tanto merece do nosso estudo e do nosso afectuoso interesse. Mas não. Cheio de preconceitos, o autor preferiu contorcer a realidade. Numa visão deformadamente materialista, considera o subterrâneo-sexual como razão de toda a complexidade e riqueza da vida. O verdadeiro problema amoroso, tradução de uma ansiedade nova em face da existência, de uma ansiedade nova em face da novidade e variedade do mundo que se desvenda, – importa menos – ou nada – a Casais Monteiro. O que sobretudo convém realçar – na ortodoxia de um pensamento que coloca a matéria na base do espírito e deste faz um simples epifenómeno, sem autonomia nem subsistência de-per-si – o que sobretudo importa vincar é o animal pedindo o animal, pedindo brutalmente numa instância dominadora, que tudo o mais julga convenção a destruir por desumana.

Há muita semelhança na sua posição, que ele pretende de indiferença, e a posição de M. Torga. Só que esta é mais sinceramente ousada e concludente. Mais franca, e por isso talvez, menos perniciosa.

Dois romances, em suma? Não o pensamos.
Falta isenção e altitude. Falta grandeza e profundidade.
A escolha de motivos não é justa nem sóbria, no primeiro; é estreita e francamente intencional, no segundo.

Para ser, na verdade, romancista, precisa o narrador de um certo nível de independência e compreensão de que ambos carecem quase por completo.

E é pena.

A riqueza expressiva de Miguel Torga merecia, a nosso ver, uma outra aplicação que não o livro **Vindima**. Outro tanto há-de dizer-se do penetrante espírito crítico de Casais Monteiro, em referência à sua primeira tentativa de romance, que subordinou ao título, demasiado ambicioso, de **Adolescentes**.

(Publ. em ESTUDOS, 1946, N.º XXIII)

2

JOSÉ RÉGIO

EXPRESSÃO ACTUAL DA SUA OBRA POÉTICA

Na pista de si mesmo, José Régio deu um novo e decisivo passo.
Mas Deus é grande, publicado em Fevereiro e comovidamente dedicado à memória de Sá e Melo [1] (o "seu querido Miguel", como lhe chama na carta-prefácio do livro *Inquietação e Presença* do P.e Moreira das Neves), a par de uma beleza formal que faz das suas líricas jóias de primeira água, contém, todo ele, um pensamento que é oração primorosa de um grande místico.

Em anos anteriores, vieram sucessivamente aos olhos do público, como expressão de uma dolorosa caminhada, **Poemas de Deus e do diabo**, **Biografia**, **Encruzilhadas de Deus** e **Fado**.

Desde 1925, data em que saíram a lume as primeiras líricas apontadas, que a obra deste enorme poeta dos nossos e de todos os tempos, que em si traz qualquer coisa do ímpeto camoneano e do fundo dramatismo de Antero, se vem avolumando e definindo, em linhas cada vez mais nítidas, mais sinceras e mais pungentes.

Disse: "mais sinceras". E recordo-me, com magoada compreensão, de tanto público que nunca pôde (ou quis) entender a obra de José Régio; e, assim, admite, implícita ou explicitamente, que um poeta pode ser grande poeta sendo o mais consumado dos mistificadores.

Na verdade, em face de um complexo literário tão significativo e essencializado como é o daquele escritor, toda a dúvida metódica tem de resolver-se em um de dois sentidos: – ou reconhecer que é sincero (quanto *literariamente* se pode ser) e, nessa altura, admitir

---

[1] Dr. MIGUEL DE SÁ E MELO, autor do ensaio — *O aceno de Deus na poesia de José Régio*, publicado, pela primeira vez, em *Estudos*, revista do C.A.D.C., Coimbra, fasc.os VI-VII, 1936.

como intrínseca ao espírito do homem a riqueza problemática que o artista expendeu; ou reconhecê-lo produto de uma extraordinária, e tão extraordinária como miserável, intenção mistificadora.

Só que, neste momento, ninguém pode dar-lhe o nome de poeta. Será jogador de ritmos e de imagens, e a sua obra (melhor diria: brinquedo) incrível toadilha de mentiras. Mas não será *poeta, re-criador* de vida em si, nostálgico pesquisador do que há de permanente no homem, inquieto e sempre logrado Édipo, que, perseguido pela intuição de uma Esfinge dentro dele, caminha, em profundidade, para aquele limite onde o mistério se desvendará.

No caso de José Régio, nenhum argumento de relativo peso existe a desmentir a natural seriedade de uma obra daquelas [1]. Se, de boa fé, consultarmos os variados volumes da sua poesia, sem a preocupação de descobrirmos intenções onde elas não existem, subterfúgios em lugar que os não acolhe, mas *apenas* com a honestidade de quem procura compreender sem deturpar, não podemos deixar de impressionar-nos com o tom de evidente sinceridade que ressalta.

Os problemas centrais mantêm-se, em todos eles, assegurando uma rara unidade temática. A forma, livre e encadeada a um tempo, ajusta-se expressivamente aos vôos do espírito que se liberta, com a dolorosa sensação de se ver eterno prisioneiro. E, apesar da traição das palavras, do engano aparente das imagens, do artifício sugestivo dos símbolos, sente-se um fluir de água viva, raiada de sangue tão humano, com suores de lama e aspirações de infinito, que até os olhos mais opacos hão-de enxergar uma existência a debater-se na transposição artística das suas próprias dores.

A esta luz de compreensiva honestidade, **Mas Deus é grande** reveste, indiscutivelmente, o carácter de um novo e sensível avanço no caminho do seu encontro.

A poesia de José Régio não é fruto da circunstância. Nada tem de episódico, porque toda ela é uma "longa história", no dizer camoneano, que nos dá, enquanto pode, a medida do evoluir secreto do homem.

De **Poemas de Deus e o diabo** até este livro, que distância fecundamente reveladora! Onde essa independência libertária do *Cântico*

---

[1] Nem se vê facilmente porque havia o poeta de enfrentar, talvez a impopularidade e o descrédito de muita gente, exprimindo coisa diversa da *sua* própria.

Negro? Onde esse orgulho mal-contido de *Narciso?* Mesmo de *As encruzilhadas de Deus* para cá, largos caminhos andados. O poeta, trilhando os seus "passos de cruz " (e não diz mal, aqui, esta epígrafe de Fernando Pessoa, que também viveu o drama de se dividir:

> *"Inconscientemente me divido*
> *Entre mim e a missão que meu ser tem"),*

o poeta tem procurado, sem descanso, aquela íntima união do homem com a sua Imagem, aquele *"só um"*, que mais não é do que o ser que viu o seu Destino e a ele sabe perfeitamente ajustar-se.

Desde que Anjo e diabo porfiam em disputar-lhe a humanidade que se vê palco de um duelo insofismável. Desde aí que "não se atinge *só um*". Este é o seu drama. O drama do desencontro do homem actual com o homem ideal, do "mim" com o "eu", no expressivo dizer de *Fantasia sobre um velho tema* (Livro I de **As Encruzilhadas**):

> *"Ah!, eu sei!*
> *Sei que ninguém compreendeu*
> *Nem podia compreender,*
> *O meu combate de amor:*
> *Este diálogo entre mim e eu."*

Para resolução de tão grave conflito, José Régio mal entrevia, nessa altura (em1936), a luz reveladora de uma certeza certa. O *aceno de Deus*, que **Poemas** haviam denunciado, surge, nos três primeiros livros de **As Encruzilhadas**, entrecortado de indecisões e desatinos, de gritos humanos, que mal permitem distinguir, no vendaval de choros e de alarmes, a serena promessa da sua consolação.

O poeta contorce-se entre os látegos do prazer frustrado, da amizade fementida, do amor incompleto, da incompreensão humana, do seu orgulho e da sua miséria, — consequências, tudo isto, daquele "padecer de alternativa", da divisão essencial entre *ele* e o *Outro*, que repudia e que o atrai. Sofrendo, deixa que as suas lágrimas derivem no mar do desespero. Não achou ainda o sentido do sofrimento. Desconhece o valor supremo da renúncia, e continua, após todos os cansaços e morto de saciedade,

> *"... a gastar o seu amor,*
> *Com amigos, com amantes,*
> *Consigo, com seu Senhor."*

Desconhece que, para atingir a libertação, hão-de quebrar-se todas as cadeias.

De onde em onde, observa-se, todavia, como veio perdido na floresta dos desânimos e sempre aumentado pelas lágrimas de um sofrimento jamais inútil, que a intuição mística do poeta vai gerando, na penumbra de negações, recusas e protestos, o milagre da descoberta de Deus. Ele pressente-o, e tem medo:

> *"E rezo-lhe: — meu Deus! perdão...*
> *... Poupe-me à sua Revelação,*
> *Deixe-me ser cá da Terra!"*

Mas o encontro está firmado. Impossível retroceder. *Sarça Ardente* é grito de gageiro que viu porto de abrigo.

Aqui, sim, aqui já podemos vislumbrar o que pode ser uma futura obra de José Régio. *Sarça Ardente*, com a sua "manifesta desvalorização do humano em favor do divino", o "seu esforço de superação constante" [1], já nos pode elucidar sobre a futura posição do homem-poeta.

Em todo o caso, **Mas Deus é grande** vai muito além de qualquer expectativa. Sem afirmarmos (longe disso) que lá se revela uma *conversão confessional*, podemos dizer que Régio tocou muito de perto o *sentido* da existência dado pelo cristianismo.

O Deus transcendente, vago ainda nos poemas anteriores, confirma-se em plena realidade ontológica, como Princípio e Fim de todas as coisas, Razão do homem e único Objecto do seu Amor.

Na urgente procura de si mesmo, o poeta despiu-se de tudo o que é terreno, baixou à sua humildade, e descobriu a profunda intuição do autor da **Mensagem**:

> *"Ter é tardar!"*

Sim. Não se pode viver

> *"como quem lhe sabe bem dormir*
> *Sabendo que lá fora há chuva e ventania".*

---

[1] Estas citações são extraídas do ensaio *O aceno de Deus na poesia de José Régio*.

O homem "tem de se cumprir ". Para isso, entretanto, há-de renunciar, no conteúdo mais lídimo da palavra:

> *"Por ti chamei o mesmo a tudo,*
> *E a terra que nos pés trazia inda pegada,*
> *A esfarelei com meu desprezo mudo".*

A atitude mística — diminuição absoluta da criatura em face do Criador, transporte em que ela se sente do Seu "absoluto amor dona-cativa", e em que tanto o *eu* da alma ansiosa como o *Tu* do Deus ansiado se entrelaçam, presos de "comuns cadeias", — parece a José Régio a *única* atitude digna do homem. A sua vida resolve-se num acto de amor a Deus e a tudo em Deus.

A "chave" da graça, cantada já, dentro de **As Encruzilhadas**, no poema *Alegria*, assume, neste livro, o papel fundamental de elemento de comunicação entre os dois pólos do Amor místico, como força magnética do *teotropismo* da alma humana.

Quando ela falta, o poeta não desaba, é certo, em desespero ou estertor, como antigamente. A mágoa interiorizou-se nele em sede menos dos lábios que do coração. E os gestos caem-lhe, não em revoltas supérfluas, mas na floração de angústias conscientes, que resvalam, por vezes, em acessos de humildade profunda e em vôos de tortura quase ascética:

> *"Pois bem, deitar-me-ei por terra,*
> *Nu no chão nu, sem conforto..."*

> *"Deitar-me-ei dias e noites,*
> *Não provarei água ou pão,*
> *Fustigar-me-ei com açoites..."*

> *"Até que venhas! ...";*

só para voltar, de novo, a merecer "os restos da *Sua* graça"; só para ter direito àquele punhado de "calor", de "luz, ar, fé", sem que não pode viver nem sustentar-se:

> *"Se eu não sou eu quando me não sustentas?".*

Ausência, poema da falta de Graça e poema da urgência de Deus, atinge, no ritmo amargurado de *Sobolos rios que vão*, as culminâncias da poesia de José Régio:

> *"Em Ti, por Ti, amo tudo!*
> *Se Te vais e em vão Te chamo*
> *Fico cego, surdo, mudo...*
> *Faltas-me e falta-me tudo,*
> *Que, afinal, só a Ti amo!"*.

Quando a Graça vem, tudo supera e levita:

> *"Um como desespero ascensional me invade*
> *E livre, em pleno céu, pairo em serenidade".*

À sua luz, luz sem névoa de Deus, tudo se mostra diferente.

O problema da Morte é, em última análise, o problema da Vida. O fantasma transformou-se

> *"... n'essa escultora*
> *"que, neste pó que é nosso, esculpe a eternidade".*

O resto: — incompreensão, amor carnal, amizade fementida, cansaços e amarguras terrenas, são tudo "asas" que o levantam ao Infinito.

Expulsou para sempre (quando pode dizer o homem: — para sempre?) os velhos "demónios familiares". Hoje, sim deve gritar-lhes:

> *"¿Que me são, me serão vossas algemas,*
> *Se Deus me abriu libertações supremas?"*

e proclamar com serena firmeza:

> *"Já Tu, meu Deus,*
> *Cravaste o Teu pendão na terra do meu peito".*

A esta luz de uma nova alvorada, que é cheia de simpatia humana e de amor às coisas simples, onde as dores pessoais e universais já não regougam como ventos de tragédia, mas "melodiam" e cantam ao sabor das correntes ingenuamente floridas de sol-por, — pode sentir a formosura dos instantes vesperais, a grandeza das noites estreladas, rever-se nas imagens dos seus mortos-Vivos, espreitar aquela "obsessão" do "olhar que ainda o via", merecer a límpida inocência desse motivo simples: — o *Enterro de anjinho*.

De vez em quando, há um "soluço na noite" escura. Mas tudo se esvai na serena contemplação da Mater-Dolorosa, A que "tem ao cimo da escada" e lhe revela, na partilha das suas lágrimas e sorrisos:

"Eu sei: teus filhos somos nós!"

e nos farrapos de prece que balbucia aos pés de Cristo [1], — de Cristo, O "de mãos roídas como as de um leproso", — a Quem atribuem uma divindade "tão próxima de nós como dos céus" —, e, em todo o caso, lhe confia, na "bruma e frescura" dos prantos redentores, o exacto sentido da "Fraternidade".

E a "certeza" volta a inscrever-se na lápide da sua *Ode*:

"Mas tu canta, minh'alma!, enquanto esperas".

O caminhante, que, desiludido de encontrar, ao fim do "cabo do mundo", a *Bela Adormecida*, dos problemas insolúveis, sem esperança, dissera:

*"Eu morro deste ardor, que nada acalma,
Com que aspiro debalde à minha própria alma"*;

que, no paroxismo da agonia, tumultuariamente escrevera "poemas de Silêncio", onde julga bastante para

*"Saciar a sua fome
Uma terra sem flor e uma pedra sem nome"*;

e que, depois de muito errantes dispersões, teve um encontro inusitado com Deus, vendo-se na "vera efígie do que era", e ouvindo da boca do Insondável a palavra suprema:

"Tu me recusas, tu, que achaste a Vida?";

---

[1] Observo, entretanto, que a influência de Renan, patente em *Quando Deus fala*, parece, a pouco e pouco, dissipar-se numa visão, talvez mais popular, mas, certamente, mais compreensiva.

— esse caminhante é hoje peregrino de roteiros mais certos. Viu a Estrela de Deus e, desde que a viu, alçou-se dos Círculos do Inferno às "Portas do Céu". Nuvens que o horizonte ainda conserva, esperemos que o sopro da Graça venha para sempre a removê-las.

"Deus é grande". Ele o sabe e ele o proclama. *Pequena Sinfonia*, com que fecha os poemas agora publicados, é sinfonia grande para grandeza do Senhor. Nada devendo, em riqueza verbal e força expressiva, ao encantamento libertino do *Cântico Negro*, unge-se de uma aurora de Fé sem limites, que espuma certeza robusta de ondas de mar-alto, e, não cabendo nela, se espraia na orquestração indefinida das vozes universais:

> *"Deixa-me...*
> *Obedecer a Deus — que me elegeu Cantor*
> *Do seu Romance sem Palavras."*.

E, num murmúrio de voz ouvida, voz que se extingue, para, em contacto do mistério, descer *Lá* onde não há palavras que exprimam, e auscultar, do fundo de si mesmo, uma *anuência* de Deus, — sem a qual tudo mente e tudo é "vão alarme", conclui:

> *"E se julguei ter de negar o mundo*
> *Para cantar-Te sem mentira,*
> *Perdoa-me, meu Deus! Já sei que basta ir mais ao fundo:*
> *Ver tudo mais por dentro do que vira".*

*
* *

Miguel de Sá e Melo, no termo do seu belo trabalho **O aceno de Deus na poesia de José Régio**, escreveu:

"Na humildade, encontrará José Régio um caminho para Deus".

Tinha razão. A impressão maior de todo este livro é uma impressão de humildade.

Humildade, que é reconhecimento implícito de que esta miséria humana é, sobretudo, decadência do homem, e de que nenhum sistema pode vencer a indignidade da vida presente sem um regresso do indivíduo às suas Fontes de Redenção;

Humildade, que é luz daquela sombra,

> "...sombra que estendo
> Tanto maior,
> Sobre este chão,
> Quanto mais tarde me vai sendo...";

e, como perfume de erva rasteira, sobe, sobe, na *levitação* de uma graça reveladora

> "...como este mundo é belo,
> Tocante do sentido de perdê-lo!"

e vai sumir-se nos páramos ilimitados da Eternidade...

Como Santo Agostinho, o poeta mais universal e mais íntimo de quantos poetas Portugal tem hoje de si pode dizer, da sua história e dos "infernos" em que a viveu:
"Senhor! que a minha alma Vos louve para que Vos ame; que confesse as Vossas misericórdias para que Vos louve.".

(Publ. em ESTUDOS, 1946, N.º XXIII)

> "*La connaissance de Dieu sans celle de sa misère fait l'orgueil. La connaissance de sa misère sans celle de Dieu fait le désespoir. La connaissance de Jésus-Christ fait le milieu, parce que nous y trouvons et Dieu et notre misère*".
>
> "*Jésus-Christ est un Dieu dont on s'approche sans orgueil, et sous lequel on s'abaisse sans désespoir*".
>
> PASCAL

3

Carlos Bousoño

Rumos da Poesia espanhola

> "Que sou eu aos vossos olhos para que me ordeneis que Vos ame, irando-Vos comigo e ameaçando-me com tremendos castigos, se o não fizer? É acaso pequeno castigo não Vos amar?"
>
> Santo Agostinho, *Confissões,* L. I, C.5.

POESIA MISTICA é, de certa maneira, uma expressão paradoxal. A mística está para a poesia como um ideal inacessível, e, entretanto, fortemente dinâmico da realidade. Com ser um esforço permanente de *clarificação,* — destinado a surpreender, nos recessos das coisas, o sentido da vida múltipla, convertendo-a em sínteses de beleza — a poesia, como a arte em geral, tende logicamente a *superar-se,* a ser *mística,* quer dizer, tende à compreensão intuitiva do Absoluto. Mas é apenas uma tendência, que não pode ser levada aos extremos, porque lhe falta, à expressão artística, a elasticidade bastante para se conservar ainda expressão d'arte no próprio campo da realidade profunda.

Todavia, falamos de "poesia mística" como falamos, por exemplo, de "estrela polar", na certeza, porém, de que nem uma é exactamente mística nem a outra é exactamente polar. E assim pretendemos designar, com essa fórmula imprecisa, aquele nível da transposição artística que paira mais à roda do divino, que anda mais à roda das aspirações centrais do coração humano.

Não se contesta que este esforço de *superação* dá uma maior eficácia à realização lírica. Certo é mesmo que a arte de preocupações místicas é a arte mais elevada de riqueza interior. Quando se cruza com Deus, a expressão artística atinge o paroxismo da *conflagração emotiva:* assume um conteúdo de agonia suprema (a arte aproxima-se — digamos *grosso modo* — do seu termo) e carece, portanto, de uma tensão heróica das energias espirituais.

Verdadeiramente, o *clima* da poesia mística é o chamado *tempo heróico.* Nela, o heroísmo não reside, como sucede nas epopeias antigas, apenas na forma ou no episódio. Mas na *disposição* do criador, na sua tensão emocional, no *estado de ascese* que releva dessa mesma poesia.

Compreende-se assim melhor que as épocas mais fecundas em poesia mística sejam propriamente as de mais intensa convulsão humana, aquelas em que se verifica o que chamarei uma *colisão de transcendências,* à falta de melhor termo para exprimir os desentendimentos totais no seio da humanidade.

A história da literatura espanhola ilustra convenientemente esta afirmação.

Depois do período fulgurante do *"siglo de oro",* que não esquece a proximidade da Reforma e da Contra-Reforma, dos Descobrimentos e das Conquistas, a chama empalidece no candelabro da poesia religiosa ou moralista. Esse dramatismo interior, já presente, com tanta felicidade, na elegia *Por muerte de su padre* de Jorge Manrique, no séc. xv, e eternamente fixado nas páginas imortais dum Juan de la Cruz e duma Tereza de Avila, no **Romancero espiritual** de Valdivieso, nas **Rimas sacras** de Lope de Vega, não resiste às seduções conceitualistas e pedantescas de Ledesma, vítima da perversão de Gôngora, este vítima, por sua vez, da perversão duma época falsamente brilhante.

Esta influência (não digo "este determinismo") do meio social ajuda-nos a explicar a fraca reacção, ou até a indiferença, da Escola Romântica em face do veio perdido da tradição religiosa. As *"golondrinas"* becquerianas eram pouco afectas a tratar com o mistério. Ou melhor: tratavam e saciavam-se de tratar com o misteriozinho das complicações sentimentais, com o luxo dos poemas engrinaldados pelas *"rosas mustias"* de uma fantasia *à la mode.* Mesmo a geração *fin du siècle* dos irmãos Machado e do poeta de Moguer, que enriqueceu de nova têmpera o lirismo espanhol, combinando o *castizo* peninsular com o *nuovo stilo* à Beaudelaire e à Verlaine, considerava a **"Sagèsse"** do *"Pauvre Lelian"* meramente episódica... Quando falava de Deus, era do *"Dios hispano"*, do *"Dios ibero"*, elemento indispensável da paisagem soriana ou dos poentes escarlates da Andaluzia:

> *"Quien ha visto la faz al Dios hispano?*
> *Mi corazón aguarda*
> *Al hombre ibero de la recia mano,*
> *Que tallará en el roble castellano*
> *El Dios adusto de la tierra parda."*

Entretanto com o século XX as coisas modificam-se. Também a *"douceur de vivre"* acabou por fenecer... cedendo passo ao realismo exuberante da verdadeira "idade de ferro". Agora sim, que as dissenções totais e não previstas abrem os seus leques de sombra através dos continentes e dos espíritos; que os novos mitos desabrocham na sedução de novas crenças e de novas teogonias; que o "próximo século... da luta pelo domínio do mundo" que profetizava Frederico Nietzsche nos embarca naquele Apocalipse de que falava, não há muito, a pena de Maritain...

Num ímpeto natural, a seiva do misticismo irrompe na floração mais variegada.

Umas vezes, chega até a revestir o aparato de uma "contra-mística", como filho que renega as suas próprias entranhas. Mas, no fim de contas, a tendência para *se superar* manifesta-se na preocupação absorvente de tudo compreender numa síntese unitária, — manifesta-se no *totalismo* insofismável da arte contemporânea. Outras vezes, a concepção de *clarificação total* é menos aberrante, menos polar. Aceita-se que a latitude do misticismo está precisamente *para além da matéria*, nessa região do "metafísico" repudiada pelo séc. XIX. O esforço da intuição dirige-se, nestes casos frequentes, a tactear, na poeira de metafísicas, a única verdadeira. Outras, finalmente, o misticismo é vertical. Reencontra-se a tradição de Juan de la Cruz e de Tereza de Avila. A raiz emotiva é a própria inquietação do crente, a inquietação em sentido augustiniano ou pascaliano. Chamou-lhe a crítica moderna: "poesia em Cristo".

Carlos Bousoño enquadra-se, com **Subida al Amor** [1], nesta última posição. Também ele canta, nos trinta e sete salmos do seu primei-

---

[1] Editorial Hispanica, Colecção "Adonais". Madrid, 1945.

ro livro — à maneira de Claudel e de Jorge de Lima, à maneira de T. S. Eliot e de Pierre Emmanuel, esse *"unico amor que no muere"*, no dizer do cantor de **Sombra del Paraíso** (Vicente Aleixandre), a quem dedica este volume de poesia.

É a voz dum poeta de raça, com forte acento meridional — voz *de terra e de sol* —, mas que nem sempre mantém o mesmo timbre inalterável. Poderíamos até distinguir quatro notas bem distintas, de vibração bem definida, na transposição artística da sua odisseia individual. Correspondem exactamente aos quatro capítulos em que dividiu a sua obra.

Salmos sombrios — I parte — ressoam como um estilhaçar de revoltas e de soluços e, nos intervalos de relativa calma, como um chover de lágrimas inúteis caindo na terra do silêncio e do desespero...

Amar a Deus não é coisa fácil nem suave. A gama de sofrimentos que atravessa este "faminto de amor" vai desde a *"noche de Dios"* — a *noite mística* em que tudo se cala nas fronteiras do ser, em que parece estancar de todo o manancial da graça, — até aos delírios de uma paixão insustentável.

O poeta reage com mais frequência a esta segunda operação da vida mística. Dir-se-á que Deus se compraz em o manter neste flagelo: o flagelo duma impotência de amar, em face de uma urgência inadiável também de amar. É como pedir aos dois braços humanos que, da Terra, se cravem nas estrelas...

No sopé da montanha, a sombra deste caminho de Amor esmaga-o com seu peso dilacerante: vê-se incapaz de atingir o alvo. Em cima, porém, o clarão do amor divino é mais do que uma sedução: é uma *imposição*. Não apenas uma imposição exterior e transcendente. Pior: uma necessidade que tem eco na mísera criatura, uma necessidade da vida humana.

Uma espécie de *teotropismo* o arrebata para cima, filha desta *"hambre de Dios"* que é como a saudade das raízes na folha errante da velha árvore. Uma espécie de *geotropismo* o provoca para baixo, para a aceitação e para o gosto da sua miséria, filha sobretudo desse *"miedo de Dios"*, derivado dos abismos de distância que o separam do Infinito.

O poeta vive no paradoxo permanente de um Deus que se oferece e ao mesmo tempo se recusa; de uma alma que deseja amar e ao mesmo tempo acredita que não pode amar.

Trespassado por esta dupla agonia, não sabe resistir às manifestações do desespero:

> "Aléjate, abandóname en la sombra..."

(Salmo sombrio)

A sua voz ganha ressonâncias metálicas como de espadas em luta, de gestos quebrados numa estéril contorção:

> "No puedo, no. Arráncame la luz
> y arrástrame otra vez hacia lo espeso
> donde sienta un brutal olor de sombra
> y crezca un árbol para morir ciego."

(Arráncame la luz)

Mas sob os traços descompostos desta máscara de tragédia, a verdadeira face da sua dor guarda o perfil daquela súplica de Santo Agostinho: "Não me escondais o rosto. Que eu morra para o contemplar! a fim de não morrer eternamente!"

O segundo capítulo abre com os magistrais alexandrinos de *Dios sobre España*, em que o drama pessoal se universaliza nas angústias do Povo. No bronze vivo e latejante da palavra, eis o medalhão eterno dum destino e duma Raça:

> *"Las llanuras sedientas, los despoblados montes,*
> *Todo ruge con hambre de Dios, dura, infinita,*
> *De Dios que brama ciego sobre los horizontes,*
> *de Dios que sobre España duramente gravita.*
>
> *Los hijos desta tierra tienen rostro violento,*
> *fuerte rostro tajado por el hacha divina,*
> *tienen hombros que llevan el gran peso sangriento*
> *del grave Dios que inmenso sobre ellos se reclina."*

A universalização do tema anuncia que a distância espiritual vai diminuindo. Carlos Bousoño, nos últimos, *Salmos sombrios*, já olha com simpatia humana para fora da sua cerração, do torturado *clima* interior que era mote exclusivo dos outros poemas.

Nesta difícil caminhada *in altum* a dificuldade é sobretudo o afastamento de Deus. O afastamento será tanto maior quanto mais o nosso drama se vir como excepcional. Dir-se-á que a "injustiça" divina é também excepcional! À medida que deixa de ser *caso único* para ser *caso comum*, o afastamento diminui. E a **Subida al Amor** enceta, por sua vez, um trilho menos duro e menos opresso.

Alem de *Dios sobre España*, as estâncias de *Dios y la tierra*, *La España sosegada* e *Oda a España* revelam uma sensibilidade profundamente humana e peninsular, talhada no cerne da raça, moldada no barro virgem do povo, que ama a Deus e à Espanha numa paixão musculada e vibrante, rija e *castiza,* de pés fincados na terra e de olhos firmes no céu.

A expressão lírica do poeta é, desta vez, a sua *voz natural*. Quer dizer: agora é, finalmente, a sua voz de *terra e de sol,* ainda que velada de uns laivos de amargura que dá a lembrança sempre viva das agonias passadas.

Poderá dizer-se de Bousoño o que, entre nós se diz de Miguel Torga: — que é um *poeta da terra.* Sem dúvida, o amor da *"tierra roja"* atravessa este livro de ponta a ponta num turbilhão de raízes e de lavas. A terra é a metáfora dominante, o padrão das imagens mais fortes e mais belas deste livro espiritual. A energia, a certeza, a exactidão vêm-lhe da terra. O cheiro acre do humus evoca nele, por antítese, os perfumes celestiais. Na geos ardente e procriadora, saída das mãos de Deus num *multiplicamini* de riquezas, na terra saudável e pura, bronca e humilde, que segue a lei que Deus quer e O ama rudemente, sem gestos nem preconceitos, — na *"tierra roja, desnuda como espada",* é que o poeta revive o mistério da Criação. *Terra* é a mulher do *Recuerdo de Infancia, "seca tierra"* de ingratidão e desamor. *Terra* é a *"España mia",* apaixonadamente cantada:

"*tierra solo y herida por el hacha
de Dios...*"

(Oda a España)

Terra é o seio do Pai, coordenada espiritual das suas agonias e ansiedades:

"*...la inmensa tierra de tu pecho*"
"*tus tierras raudas de olear frenético*"

(Arráncame la luz)

Mas, ao contrário de Torga, Bousoño é *terrenamente celestial.* O seu amor não se perde na estagnação da imanência; sobe, num jacto, aos pincaros da luz. Não é lodo dos pântanos parados o que ele ama; é terra viva e palpitante, cortada de veias e nervos, onde circula, num esto de sangue e de fogo, um sol líquido que grita à plenitude das estrelas a sua fome de altura e de infinito...

Em *Cantico Nuevo* a distância espiritual continua a ser menor. A sensação de *impotência* que atormentava os desígnios da alma, também se vai esfacelando, pouco a pouco, graças a uma maior compreensão, do seu lado, a uma maior aproximação, da parte de Deus.

Aquela revoada de simpatia humana, tão bem expressa em *El viento*, *Las almas*, *Muchacho en la tarde* e *Dios y el niño* conseguiu salutarmente aproximá-lo de órbita desejada. E não seria providencial? Não seria um indicativo bem claro de que o "Amor Christianus" é sobretudo Caridade?

No entanto, a obra definitiva pertence a Jesus Cristo. Os abismos de distância já não têm sentido, — desde que Ele veio e se fez "Deus entre nós". Cristo é Deus presente e semelhante, é Deus feito homem, o "próximo" de cada homem.

Em *Cantico Nuevo* Bousoño segue a vida de Jesus numa adoração de olhos fitos. Em traços firmes e breves, mas de um lirismo profundo e pacificante (talvez como nunca o tenha havido neste poeta), segue-O, — sombra feliz da sua sombra — através dos campos e dos bosques da Palestina, apara das Suas mãos a bênção da primavera, curva-se com Ele na agonia das Oliveiras, chora com a terra orvalhada no silêncio do Gólgota, *revive,* na tarde de Ascenção, ao fulgor límpido da Sua Glória.

É uma aprendizagem com o Mestre, a revelação dia-a-dia de um Deus à altura dos seus ombros, ao toque das suas mãos, à distância das suas lágrimas...

Salmos puros, em confronto da nocturna atmosfera de tempestade, do pesadume de uma tristeza que nada levita de *Salmos sombrios,* revestem-se de uma luz inteiramente nova. Se bem que o travo das horas amargas lhe suba repetidas vezes à boca, e ele aspire como o grande inquieto de Hipona: à "paz tranquila", à "paz do sábado que não entardece", — uma certeza tão robusta abriu em madrugada sobre a cabeça do "faminto de Deus", que não resiste a proclamar na sua *Cancion ebria*:

"*Como emborracha Dios en lo oscuro del alma!*"

Agora, na suprema curva da **Subida al Amor**, quando, contempla o pedegroso trilhado onde gemeu e verteu suor de sangue, é que Bousoño tem o verdadeiro entendimento dos abismos que passou. Por isso, o desespero se trasmuda em serena espectativa. Os latidos da sombra já não alteram este prenúncio de Paz. Ficam ao largo, murmúrio de vozes insistentes nas paredes da carne, arrepio de treva no limite exterior desta transparência toda íntima.

A Paz virá um dia! Mas a Paz está com ele, numa *certeza* que ninguém destroi.

Graças ao Cristo, Filho do Homem e Filho de Deus Vivo, graças ao Verbo que misteriosamente se duplica em natureza humana, se faz *homem da rua*, como está tanto em voga dizer-se, Irmão e Salvador de cada homem, — graças à verdadeira "escada de Jacob" das nossas misérias inenarráveis e das nossas grandezas imarcessíveis, a presença de Deus é hoje mais do que uma promessa para Bousoño. É uma irradiação poderosa e sublime, tão infinitamente distante e tão infinitamente próxima da vulgaridade humana, como da mais rasteira planta dos caminhos a luz renovadora das Alturas. É uma intimidade fora de toda a percepção alheia, mas tão real, tão arreigadamente *nossa* que até nas próprias contradições e dúvidas terrenas está viva e presente, como sinal indelével do Espírito que se eterniza.

Cristo en los campos

En tu cuerpo encerrada, ya eterna y siempre pura,
con la luz de ese bosque y la de esa pradera
y alta luz de montaña y clara de llanura,
destellaba en tu sangre toda la primavera.

Para esto había lucido el sol dorando el día
durante largos siglos, las viñas madurando,
y encerrado en la parra dulcemente crecía,
secretamente luego en frutos estallando.

Para ti. Para ti. Para formar el vino
eterno que en tus venas daba brillo a tus ojos
y hacía Hombre la esencia de tu Padre divino,
reclinado mirándote en los ponientes rojos.

Andabas por los campos de Palestina suaves
mirando largamente crepúsculo y aurora,
campos de trigo llenos de candorosas aves,
horizonte y llanura que cálido el sol dora.

Largamente mirabas el mundo que tú hiciste.
Todo lo recordabas amándolo en tu seno,
campos, lirios y pájaros que en lo eterno quisiste
que fuesen en la luz un alto soplo bueno.

Mirabas a los ojos de Juan adolescente.
Mirabas tu profunda infancia en su alegría,
tu inocencia en sus ojos y candorosa frente
que por ver tu mirada muchas veces erguía.

Ya todo esto en tu Padre lo habías contemplado,
y sin embargo ahora todo era diferente.
Las aves y los lirios, aquel monte, aquel prado,
Pedro, Juan, noche, estrellas, las tardes, el poniente.

En tu cuerpo encerrada, cálida y suspirante,
manando de la fuente viva que tu alma era,
brotando inacabable, luminosa y fragante,
destellaba en tu sangue toda la primavera.

CARLOS BOUSOÑO
(*Cantico Nuevo* — **Subida al Amor**)

(Publ. em ESTUDOS, 1946, N.º XXIII)

4

SERVIDÃO, DE ASSIS ESPERANÇA

O romance **Servidão** de Assis Esperança, que a Academia das Ciências acaba de distinguir com o Prémio "Ricardo Malheiros", tem o mérito de não ser uma obra panfletária. E não se diga que é mérito fácil de alcançar, sobretudo num pendor populista como aquele que o premiado elegeu para o seu romance. Num ambiente de neo-realismo, em contacto com misérias contantes, com uma visão pessimista do panorama social, — era compreensível que descesse um pouco mais, tocando a margem da dúvida construtiva, das promessas sedutoras, da revindicta subterrânea, dos horizontes mais ou menos problemáticos que abrissem uma centelha de esperança na injustiça e na derrota do presente. Não aconteceu assim. **Servidão** é um livro de *"détresse"* social, de amargura, de pobreza angustiante, de humanidade tragicamente diminuida. Mas não é um panfleto. Não põe na boca das suas personagens tiradas do Evangelho marxista, nem o escritor intervém, à maneira de Steinbeck e de Jorge Amado, conduzindo para um fim ideológico a trama da vida nos meandros da sua obra. Não interpreta sequer os factos por sua conta — o que era legítimo. Deixa que a realidade transpire o suor dos seus problemas, que a vida diga o que tem a dizer na linguagem das coisas maceradas e tristes, tudo num ambiente condensado de existência mórbida e fatal, que lembra a escola de Martinho Heidegger e de Jean Paul Sartre.

Foi, na verdade, um paralelo que não pude evitar — entre o pensamento que domina esta obra e o pensamento existencialista. Também aqui, a partir das primeiras páginas, como se a figura de Leonor encarnasse a humanidade no seu conjunto, a vida no mundo reveste um carácter de desespero, de descalabro, de luta contra o nada, pelo nada e para o nada. Todos os sonhos apodrecem, todas as utopias se esboroam, todos os caminhos que apontavam uma clareira na floresta vêm a dar nos pântanos do irremissível. Nenhuma crença subsiste, nenhum ideal prevalece, e só a resignação depressiva de quem segue um destino fatal e inviolável é razão de aceitar e de viver.

Acima da poeira das derrotas, Leonor teima em levantar sempre uma miragem. À saída de casa dos *Padrinhos* para regressar ao desconforto proletário, é a miragem de Manuel que a deslumbra, o amor ao longo dos esteiros verdes, o sonho duma vida calma, singela, humanamente digna e feliz. Preso Manuel e, mais tarde, abandonada Lisboa para ele remar à Terra-Nova, é o sonho do seu regresso e de tudo o que se prende a esta raiz de utopia: a estabilidade, a medianidade, o lar tranquilo, talhado na alegria de ser mãe e no destino de ser mulher. Morto o marido tragicamente, as suas energias de crer e de esperar voltam-se para o Porto, na esperança duma vida refeita na dignidade e no trabalho. E, por último, na sua aldeia, junto da mãe moribunda e amarrada à lembrança de dois cadáveres, ousa confiar ainda na previdência platónica do *padrinho*, na possibilidade de uma existência livre, honesta e, finalmente, feliz... Porém, tudo sossobra, todas as miragens se esvaem, e a única atitude possível, em quem tanto sofreu e batalhou, é a acre desesperança das páginas finais: — "A vida não tinha sentido? Começaria a governá-la egoísta, rancorosamente...". Inutilidade da vida, inutilidade do esforço, inutilidade da esperança!; poderia dizer-se numa fórmula de sabor nietzscheano: a sobrevivência no ódio é o único caminho.

Atrás de Leonor, as outras figuras que avultam em pano-de-fundo são ervas vergadas na mesma tempestade. O mesmo fluxo-refluxo de miragens e descalabros; a mesma indiferença do mundo ao desespero humano; a mesma solidão moral, a mesma *náusea* de viver incompreendido, abandonado, tragicamente posto na vida para o nada... Servidão que não tem remédio: Assis Esperança não deu remédio à **Servidão** perpétua de Leonor.

Mas, neste quadro kirkegaardeano, é possível achar um rumo de transcendência. O escritor não o quis fazer, mergulhado no desespero até à vaza. E isto é que dá ao romance uma visão unilateral. O autor fechou-se no fenómeno, e, porque renunciou a dar-lhe sentido, bebeu até à última gota o fel da sua finitude.

É provável que a última intenção do escritor seja, da realidade daquele pesadume, da atmosfera de asfixia de **Servidão**, fazer intuir a necessidade biológica de um arejamento qualquer. É provável (e a última frase da protagonista é um arrepio de confiança: "adivinho que *qualquer coisa* se passa à volta de nós, daqueles que sofrem e trabalham") é provável que queira mostrar como a sede da terra pede a água das fontes, e a sede das injustiças humanas pede a água dos remédios decisivos. Mas não ousa fazer apologia, não ousa esboçar sequer uma preferência, não ousa adiantar uma palavra de intenção.

Melhor para o romance em si, que se liberta do peso incómodo das ideologias. Pior para o leitor de superfície que não saiba descobrir — para lá da tragédia humana que lê — a necessidade suprema de uma Redenção total e o corolário de uma Vida eterna que sobremonte a finitude do terreno e o desespero insofismável de "existir para a morte".

(Publ. em ESTUDOS, 1947, N.º XXV)

5

EL-REI SEBASTIÃO
POEMA ESPECTACULAR DE JOSÉ RÉGIO

Uma sequência de **Jacob e o Anjo**, uma paráfrase de **O príncipe com orelhas de burro**, um desenvolvimento ulterior de **Benilde ou a Virgem mãe**. Afirma-se, aliás, a mesma poesia estruturalmente dramática que vimos nos **Poemas**, na **Biografia**, em **As encruzilhadas...**, em **Mas Deus é grande**, e que o teatro serve apenas para tornar mais explícita, mais visual, mais fecundamente polémica.

Linguagem pura de estilismos, acesa de uma emoção que é mais raiz do que flor, num clássico castigado com todo o jugo da experiência verbal adquirida. Segue-se a orientação essencializante de **A velha casa**.

Ambiente irreal: é do séc. XVI português como **L'annonce...** de Claudel é *"d'un Moyen-Âge de convention"*; ou como **Benilde...** é do Alentejo, ou **O Príncipe...** da Traslândia. As vozes são gregas: advertem como os coros de Eurípedes. As imagens — de "serpentes", "asas", "dragões" — sabem à imaginífica post-medieval, mas não são mais do que um friso. Por sua vez, El-Rei Sebastião é neto de D. João III apenas no nome. De facto, é o produto de Benilde e de Leonel, do homem e da mulher despidos de todo o sexo, de toda a individualidade: é o casto simbólico — o "efebo".

O drama atinge a plenitude do significado, mas é sempre o mesmo. O jovem pagem que acompanhara El-Rei da Traslândia "para lá do parque" é este que agora acompanha seu Príncipe numa aventura para lá da morte; como já fora Eduardo, o noivo de Benilde, e será, com certeza, toda a figura humana de "crente", de "eleito", ao qual a Revelação se oferece com a natural limpidez das águas. A Rolão Rebolão sucede Luís de Camões, ao menos no que tem aquele de artista genial, de "par" com o jovem Leonel, digamos, de principesco; ou, com mais realidade, sucede o Sapateiro de Trancoso, adivinho e miserável, profeta e abandonado. É a grandeza e a baixeza da Poesia e da Arte: da Poesia que se roja e sobrepaira, da Arte que circunda e mal-fere a Verdade. Por fim, os conselheiros da Corte, a Rainha-Avó, a fama pública, são "duplicados" apenas de Etelvina, a odiosa "razão" que recusa o "mistério", a "prudência" que nega a viabilidade de todos os sonhos, sejam eles o sonho de Marrocos ou a maternidade angélica de Benilde. Os olhos cegos. Os *"Wertblinden"*.

Ascética como coluna dórica, a figura de El-Rei, ao evocar o "momento" de Alcácer (ao "ouvir" as mil violas de Alcácer — repare-se na semelhança), repete, afinal, os arroubos de Benilde ao "ouvir" o violino mágico. É o mistério que alarma como um raio, a estrela de cinza de uma vocação imperiosa. Jacob, Leonel, Benilde, El-Rei Sebastião trazem, todos eles, o estigma do génio; o génio é a marca do inconcebível e, por isso mesmo, do mais dramaticamente verdadeiro. *"Credo quia absurdum"*.

As pessoas discutem, duvidam, deploram. Como alguém deplorará que José Régio se recreie neste *"pathos"* humano e não fale de seiva, de natureza, de raízes... Mas o poeta dobra-se sobre si mesmo e, como o sapateiro santo — o profeta miserável a quem todos abandonam, inclusive a mulher — ou como o Rolão Rebolão da "História para crianças grandes " — aborto sem pernas e sem braços, rolo amputado onde só vivem os olhos —, o poeta lê em si mesmo um destino esbelto de Príncipe, uma "aventura" marcada, sangrenta, de El-Rei Sebastião... É o "mim" vergado sobre o "eu". O mistério de *Narciso*. Tudo, afinal, *Fantasia sobre um velho tema*. — Como, porém, não ser vocação sua desmascarar, onde quer que se esconda, a face estranha da sobrenatureza, e nela reconhecer atonitamente o sentido da plenitude do homem? Queira ou não queira, o poeta está preso aos "destinos marcados", porque ele próprio é um "destino marcado". O rasto do além não o deixa, não o deixa " enlanguescer na *sua* enxerga...". A subterrânea fraternidade do génio obriga-o a rever-se em cada *outro*; daí a irresistível sedução para voar, como as águias, sobre os "abismos" humanos.

Abismos onde a Verdade brilha como os astros. A Verdade é escandalosa e nua como as coisas terrivelmente simples e claras. Ninguém a destrói. Só o nosso "bom-senso" e o nosso orgulho nos encegueceram perante as fontes do Absoluto: como se a lógica fosse, realmente, a sombra da Razão... Para enxergar urge, portanto, um regresso. Urge regressar às cumiadas do Espírito onde a "loucura" é que é, na verdade, lucidez. Contradição é garantia de autenticidade — já escrevia Pascal: *"signum cui contradicetur"*. Toda a Poesia constitui um regresso, todo os poeta vive "sagrado de saudade", como diz Rilke. Só a Fé dá o esplendor do verdadeiro, só o crente *sabe*, ou antes, mais do que sabe porque, a maioria das vezes, nem compreende como seja possível " não saber ", tão luminosamente a Revelação se exprime aos seus ouvidos. Mas a Poesia não é "crença": é "pressentimento" ou "inquietação". O poeta não é "pagem" em cujos olhos floresce a luz eterna da Verdade; é uma espécie de mirada tacteante, uma espécie de luz cega, que caminha penosamente amarrada ao bordão dos símbolos, e todavia tão próxima do mais secreto do absoluto que, nos grandes "momentos" em que a Verdade vai revelar-se, não se tem que não trepide tumultuosamente sob os escabelos como Rolão Rebolão, pressentindo a iminência da hora com ciúme tão forte e certeza tão antecipada que não pode deixar de gritar, num violento desejo de primícia da posse: "A mim, primeiro! Só a mim!..."

A Morte é o selo intacto de todos os mistérios, como se o juizo humano devesse, em última análise, demorar-se na terrível dúvida do Natam de Lessing: *"Ignorabimus"*. A Morte pode, com efeito, significar uma ignorância integral, um "nada, nada se sabe"... Não, porém, com José Régio, sobretudo o José Regio de **EL-Rei Sebastião**. Certo que já em **O Príncipe...** a morte deixara semente, deixara uma herança viva no ventre da raínha Letícia. Mas é no **El-Rei Sebastião** que ela reveste as características de autêntica imortalidade, que ela se transforma numa espécie de "vocação". Não um *"finis vitae"* à maneira pagã ou o último elo do *"sein zum Tode"* do desespero filosófico moderno. Antes um "martírio" à semelhança da tradição do Cristianismo, uma morte em plena glória — *"comme un cièrge pascal"*, diria uma heroína de Claudel —, ficando a memória mais rica de presença do que na vida deste mundo. Será isto a vigília de Pentecostes? Ou, na dureza implacável de uma tal apoteose, haverá alguma coisa da alegria nietzscheana de Zaratustra, alguma coisa do "salto sobre o abismo"? Decerto um pouco do tumulto de Wagner se exibe neste delírio; porém, é o rosto de Parsifal que nele sobretudo se espelha, de Parsifal que achou o Graal perdido mas se esqueceu do seu nome.

Eis como na obra de Régio se contém uma Arte Poética e uma Antropologia. O poeta não é um "crente", por definição, mas é, com certeza, um "místico"; e a Poesia uma forma translata, digamos assim, de Revelação. Por sua vez, o homem é nos grandes abismos que se define e essencializa, sobretudo no "abismo" da Morte, que é a "forma" perfeita de ele começar a viver.

De nenhuma outra poesia, como de esta, se poderá dizer em Portugal o que genericamente escreveu Novalis: *"Die Poesie ist das authentische Reell... Die Poesie ist das Kern meiner Philosophie"*.

(Publ. em ESTUDOS, 1950, N.º XXVIII)

6

A JORACY CAMARGO E À III CARAVANA OFICIAL DA MÚSICA BRASILEIRA

Há cerca de vinte anos, veio pela primeira vez a Coimbra o escritor brasileiro Joracy Camargo e não viu de Coimbra o que ela tem de característico: a sombra de uma capa riscando a rua estreita e provincianamente burguesa, com as fitas de *néon* um pouco tiritantes à luz da noite fria debruada de lua, anacrónico brilho num Portugal anacrónico, surpreendido e mentido pelos reclames oficiais. Coimbra ficou-lhe oculta no seu segredo secreto, segredo que não vem tanto da luz, nem do luar, nem do vulto da torre heraldicamente composto, nem do presépio do casario alvacento, nem da morosa pasmaceira do rio encaminhando ao seu mar as águas camoneanas. Que vem dos homens, sobretudo dos que aqui se plasmam e modificam, de uma juventude que continuamente se renova, concertando os seus sonhos, as suas guerras e ambições. Juventude que exactamente se define nessa confusa presença de uma capa entre o *néon*, indecisa entre o passado que transporta e o futuro que a chama, com a fadiga um pouco revolta dos que se sentem como bonecos de turismo na montra de um presente que lhes não dá outro lugar.

Para entender Coimbra é preciso conhecê-la: a essa confusa e íntima inquietação juvenil que, não podendo exprimir-se pela voz, transmite um fogo duro à melodia das guitarras, um acento ácido à criação dos seus líricos, uma avidez lúcida aos empreendimentos académicos, e até, não raro, uma inesperada transcendência à própria vida dispersiva das "repúblicas". Daí o seu desejo de distinguir o verdadeiro — num mundo soezmente e torpemente bifronte — e uma capacidade flagrantíssima de entrega ao que, hoje em dia, tenha o condão de iluminá-la.

Como há um ano nestes muros do "Avenida", Coimbra entrega-se a um encontro com um Brasil que as chancelarias raramente nos revelam. Entre tantas e fúteis aproximações e colóquios, eis aqui um modo certo de convívio que gostaríamos se fizesse muitas vezes: que a voz mais funda de um povo se revelasse a outro povo, sob o signo de autênticos artistas, numa franca e directa transfusão de sentimentos. Sob o signo de um homem como Joracy Camargo, renovador do teatro brasileiro e ensaísta de indiscutível mérito, o que mais cedo nos abriu — com o **Deus lhe pague** e o génio de Procópio — a senda de um encontro com o teatro do Brasil tão dolorosa e custosamente prosseguido, sob o signo do Joracy das peças que vimos e não pudemos ver, das peças que lemos e não pudemos ler, desde **Maria Cachucha** a **Anastácio** e **O Bolo do Rei,** eis aqui, meus Senhores, a voz humana de um país na voz ardente e permanente da sua música. Música em que o Brasil se sente tão rico, tão contrastante e tão real como num poema de Drummond ou num romance nordestino: o Brasil das "toadas", das "modinhas", dos " lundús", dos "maxixes", dos "baianos", do "boi-bumbá" e dos "congados"; o Brasil lírico das "serestas" e dos "choros", com o solo erguido tão finamente sobre o sereno; o Brasil ameríndio, lusitano, africano, ibérico, europeu e intensamente americano da sua música popular e incoercível; o Brasil sortílego, sacrílego e sacral dos seus "reisados", "caboclinhos", "maracatús" e "candomblés", ou das "macumbas", dos "xangôs" e "catimbós" — épica imensa de cavaquinhos e violas, de oficleides e sanfonas, de puítas, de ganzás e de violões. Só de dizer estes nomes secretamente brilhantes, se sente a nostalgia de uma terra tão polícroma e tão profunda como a **Invenção** de Jorge de Lima. Só de os dizer, se sente e justifica essa atracção etnicamente secular, que revê na esmeralda de um país que é um império a flor mais nobre e mais adulta do seu espírito.

Música do Brasil, convívio do Brasil... Na atmosfera carregada do nosso mundo confuso, das grades verdes de uma terra tão suave (e, infelizmente, infelizmente, tão sedante!), olhamos para o Brasil como quem olha para o futuro. Num tempo em que se rateia o oxigénio (recorda-se, Joracy, da profecia do Mendigo?), é uma lufada de ar fresco e sem reservas que se respira! Por essa força e pela esperança que ela nos deixa, aqui expressamos ao Brasil o agradecimento de todos nós.

(Dito no T. Avenida, em 1960)

7

SALVATORE QUASIMODO

PRÉMIO NOBEL DA LITERATURA DE 1959

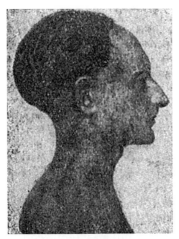

Com atribuição do último Prémio Nobel, é a Poesia na sua extrema pureza que vem a ser homenageada e publicamente celebrada. Uma poesia sem concessões de nenhuma espécie, realizando ao mais alto nível aquele desejo de essencialização do ponto de vista da forma e aquela subtilização ou rarefacção de conteúdo de que falou Sergio Solmo numa crítica agudíssima [1]; voto que, aliás, é comum à poesia da Itália post-d'annunziana, reagindo contra o "panismo" do autor vibrante de **Il Fuoco** como, de um modo geral, contra a confusão entre poesia e "amplificação eloquente" característica da retórica oitocentista (inclusive da última tríade poética: Carducci — Pascoli — D'Annunzio). A volta aos clássicos — quer à linha exigente de Leopardi, quer ao velho e imperecível *"dolce stil nuovo"* — acompanhou-se de uma desmitificação que pode dizer-se impiedosa, desmitificação que se encontra, a despeito das diferenças, tanto na lírica de Saba e de Ungaretti, como na obra do Montale e de Quasimodo.

---

[1] Prefácio a *Ed è súbito sera*, 5.ª ed., Mondadori, 1951, pág. 5.

Em nenhum poeta, porém, foi esse regime de austeridade vivido com mais extrema pureza do que no lírico de **Giorno dopo giorno**. Se em **Acque e terre** (o seu primeiro livro) se nota ainda certa hesitação, já em **Òboe sommerso** é bem sensível essa exclusão do acessório que é característica da sua austera intransigência, da sua viva repulsa a todo o *"quiescite posilum"* de uma forma cansada de intolerância e de autocrítica. Poesia descarnada e directa, reduzida aos próprios nós da sua emoção mais profunda, em que a unidade rítmica é, não o verso em si mesmo, mas o vocábulo túmido, transbordante de sentido. Nunca o termo denso teve mais séria densidade do que em vocábulos de versos como estes:

*"Il primo tuo uomo
non sa, ma dolora."*

(**ÒBOE SOMMERSO**: Alla notte)

*"Non saprò nulla della mia vita,
Oscuro monotono sangue."*

(**ED È SUBITO SERA**: Già vola il fiore magro)

Densas como gotas do sangue são, realmente, as palavras de Quasimodo, mesmo quando se entrega, aparentemente, ao helenismo das suas latomias, das suas laranjas gregas, dos seus rios e numens. É preciso conhecer as dominantes da sua primeira temática (e o tempo duro em que essa temática surgiu): a oposição entre o éden primitivo e irremediavelmente perdido das suas ilhas sicilianas (em sentido ideal, no sentido de uma infância irreversível: — *"Più nessuno me porterà nel Sud"* — dirá ele em **La vita non è sogno**) e a corrosão sem remédio da vida que se vive. Só através dessa oposição se entendem as evocações líricas das *"isole che ho abitato"* — contraponto íntimo a uma existência sem fuga, a uma existência proscrita na solidão do próprio homem. Aliás, toda a poesia da época responde a "um paradoxal princípio de música e de esquecimento" — como alguém escreveu [1]: é "uma suprema ilusão de canto que milagrosamente se

---

[1] Sergio Solmo, *ob. cit.*, pág. 6.

conserva depois da destruição de todas as ilusões". E o poeta exprime-o genialmente:

> *"Pietà, ch'io non sia*
> *senza voci e figure*
> *nella memoria un giorno."*

(ERATO E APÒLLION: Airone morto)

Foi, sem dúvida, preciso que a guerra viesse e a libertação os tocasse para que os poetas sentissem um novo frémito de esperança, uma esperança ainda ácida como o vinho dos pobres, mas que é, ao menos, um grito de indignação. Quasimodo alarga o ritmo da sua voz: **Con il piede straniero sopra il cuore, Giorno dopo giorno** e **La vita non è sogno** irão dar-nos das mais pungentes poesias que se conhecem na lírica italiana. A indignação fecunda e discreta pelas desditas do seu povo, o frémito de amor e de revolta que o sacode como um gume, como que desconcerta ligeiramente o tom seguro do seu canto — um canto até aí tão firme na sua reserva de crisálida, mas que agora, tremendo com as angústias que o rodeiam, começa a pôr em dúvida esse ascetismo sem mercê. "No cúmulo da complacência verbal", o poeta sente que carece das necessárias palavras "para retomar e dominar a legenda do seu tempo, e, em face de tão terrível verificação, não tem remédio senão ceder o velho regime da sua voz..." [1]. A contensão, a cerração no vocábulo extremo, pode não ser, no fundo, mais que uma forma de egoísmo — de alienação, de negação do mundo exterior. A necessidade do discurso — do "metro de uma participação constante", como diz Carlo Bo [2] — impõe-se insensivelmente ao seu ritmo. No jeito, inicialmente, de uma interrogação que se oferece como um princípio de resposta:

> *"E come potevamo noi cantare*
> *con il piede straniero sopra il cuore...?"*

(GIORNO DOPO GIORNO: Alle frondi dei salici)

---

[1] Carlo Bo, Introdução a *Giorno dopo Giorno*, 3.ª ed., Mandadori, 1953, pág. 21.
[2] Carlo Bo, *ob. cit.*, pág. 22.

Finalmente, porém, na desenvoltura de um ritmo novo, menos propenso a laquear-se na avareza da pergunta do que a expandir-se na invocação, na voz humana de um estímulo:

> *"Dimenticate, o figli, le nuvole di sangue*
> *salite dalla terra, dimenticate i padri."*

(**GIORNO DOPO GIORNO**: Uomo del mio tempo)

Uomo del mio tempo é já um Quasimodo à medida de um discurso humano. Discurso que está disposto a não ceder mesmo perante as injustiças da paz, a servidão que continua e onde quer que continua:

> *"Oh il Sud è stanco di trascinare morti*
> *a riva dei paludi di malaria,*
> *è stanco di solitudine, è stanco di catene,*
> *è stanco nella sua bocca*
> *dell bestemmie di tutte le razze*
> *che hanno urlato morte con l'eco dei suoi pozzi,*
> *che hanno bevuto il sangue del suo cuore."*

(**LA VITA NON È SOGNO**: Lamento per il Sud)

É a Poesia — como diz Vigorelli [1] — que já não busca só salvar-se a si mesma, salvar ou imitar um como que éden interior, mas, salvando-se a si mesma, estende essa redenção ao próprio éden tão exilado dos homens.

Poesia do tempo, à medida do seu tempo — o que é sinal de estar à medida da história!

(Publ. em VÉRTICE, 1959, v. 19, n.º 193)

---

[1] Em "Oggi", sobre *Giorno dopo giorno*.

8

O "ESCÂNDALO" PRÉMIO NOBEL

"Todo o poeta é um estrangeiro na sua pátria" — confessou Quasimodo ante a polémica que suscitou na própria Itália a atribuição do último Prémio Nobel. Na verdade, em face das afirmações mais ou menos ressentidas de outros escritores e de certos elementos da crítica — e do quase sadismo com que dados sectores da imprensa estrangeira (cfr., v. g., o *Figaro Littéraire* de 31-10-1959) exploram esses ressentimentos e essas desilusões —, apetece repetir essa paráfrase de um ditado bem conhecido: "Ninguém é profeta na sua terra".

Misturando orientações políticas com apreciações literárias (pois não houve quem dissesse que o galardão conferido a Quasimodo visava "compensar" o galardão conferido a Pasternak?!); quase culpando o escritor de não ter tido as simpatias de Mussolini, como teve Ungaretti, ou de não manter um neutralismo tão rigoroso como Eugenio Montale — pretende ver-se na sua "última" poesia uma espécie de poesia comprometida, "e mais comprometida com a política do que comprometida com a arte" (Giorgio Vigolo). É estranho que um homem como Moravia não se coíba, também ele, de cair num elogio do hermetismo para deixar dúvidas sobre a "última" fase do laureado de Estocolmo e sobre os seus actuais merecimentos ("Eu conheço muito bem os poemas que ele escreveu no tempo em que era unicamente poeta e a sua poesia era, aliás, hermética. Não conheço, pode dizer-se, as suas obras mais recentes, que são, suponho, muito mais claras..."), e que caiba justamente ao crítico do insuspeito *Messaggero* escrever este juízo muito menos prevenido: "Eu creio que (o prémio) quis encorajar um esforço que tende — não direi a romper com a cultura e a poesia de ontem — mas a introduzir uma nova cultura e uma nova poesia que se encontrem de acordo com o novo mundo em que vivemos. A cultura e a poesia de ontem são aquelas a que pertencem Ungaretti e Montale, grandes poetas como Leopardi e maiores mesmo do que Quasimodo, mas representativos de uma tradição que, há cinquenta anos, se limita ao aprofundamento do *eu*. Depois da idade da introspecção, chegou o tempo do *nós* e de uma nova comunicação do poeta com os homens. Evadir-se de si mesmo é quase uma necessidade deste tempo de diálogo com os outros, e foi isto certamente o que quis significar o júri do Prémio Nobel".

Realmente, será motivo de censura — para lá dos confrontos, favoráveis ou desfavoráveis, que possa haver com outros escritores italianos ou estrangeiros (sabido que muito raras escolhas, entre autores ainda vivos, conseguem, no domínio literário, uma unanimidade absoluta de opiniões: quem dirá que Mauriac e Camus são os maiores escritores ainda vivos da França?) — para lá disso, poderá considerar-se motivo de censura o facto de um poeta, como diz Luigi Barzini, "ter trazido à luz do mundo clássico a obscuridade e a angústia da poesia de hoje?" Ou não deveremos, como Piero Dellamano, admitir que o próprio Quasimodo nos mereceria hoje menor admiração se não tivesse conhecido, depois da última guerra, um período criador em que passou do hermetismo para uma poesia mais aberta à linguagem dos homens, desembocando quase na vida social? Não foi Carlo Bo, um crítico cristão, que lhe desejou e augurou, em **Giorno dopo giorno**, esse progresso para um "discurso de valor humano?"

(Publ. em VÉRTICE, 1959, v. 19, n.º 193)

9

Albert Camus

> "Le monde où je vis me répugne, mais je me sens solidaire des hommes qui y souffrent."
>
> (*Actuelles*, I)

Morreu Albert Camus. O pensador de **Le Mythe de Sisyphe** e de **L'Homme révolté**, o romancista de **La Peste** e de **La Chute**, o novelista de **L'Exil et le Royaume**, o dramaturgo de **Caligula, Le Malentendu** e **Les Justes**, o comentarista de **Actuelles**, o jornalista de **Combat**, esse homem de acção e reflexão fecunda que viu aos 44 anos a consagração de um magistério que ultrapassou vastamente as fronteiras da sua língua, morreu na plena força do seu talento prestigioso. Ninguém esquece, para falarmos de um estilo, a maestria de uma prosa onde se concentra toda a economia e precisão cartesiana, esse esforço constante, como alguém observou, "para atenuar o brilho da arte e dar ao estilo a nudez da coisa reflectida". Ninguém esquece, para falarmos de cultura, esse crisol onde se caldeiam experiências que vêm de largo e de longe, como de dentro e de fora, do dionisismo grego à inspiração nietzscheana, do rigor de Descartes às *"nourritures"* de Gide, de Tolstoi e Pascal como de Kafka e do existencialismo. Ninguém esquece, para falarmos de substância, a coragem de uma moral severa, se bem que provisória, moral que, partindo do absurdo, rejeita toda a "consolação" ou "ilusão" para aceitar lucidamente o puro acto de existir — labor de Sísifo que será porventura ainda "uma luta pela fé, pela significação, pela possibilidade de respirar dentro do inferno das repetições sem mercê".

Contudo, o que comove dolorosamente na morte de Camus é a perda do homem mais do que a do escritor, a perda de uma presença que dava coesão e cesura a uma obra principalmente harmoniosa, principalmente humana, por esse nexo de autoria. Aquele de quem escreveu um dia Jean Grenier: "Foi o homem da nossa época que deu a melhor resposta à pergunta de Gide: Quem é nobre?". Aquele de quem outro disse como última homenagem: "Ele também era um justo". Um justo do nosso tempo, claramente alegre e claramente desiludido, mas guardando, no íntimo, uma razão de continuar. O homem das possíveis virtudes para um tempo sem esperança, para o "mundo do condenado à morte", para o mundo da "peste". Por isso nos é extremamente doloroso que ele fosse colhido de surpresa sem tirar as consequências dessa possível justiça: quando, ao invés, dir-se-ia retraído no cascavel de um silêncio inseguro, numa pureza traiçoeira como todas as purezas que rejeitam o lastro dos compromissos fecundos, das fraternidades autênticas. Numa espécie de justiça que toca as raias da injustiça: *"summum jus, summa injuria"*. Numa espécie de jansenismo sociológico que é o ardil mais temível, a prova última, do *clerc*.

A este rosto cansado de argelino doente (*"Cette longue lutte, qui ne finit pas!"*), a este espírito inseguro que parece querer ceder ante a perigosa tentação do isolamento, da renúncia, mesmo a pretexto da honra — quando sabe "que o que não nos poderíamos perdoar hoje em dia seria ceder, na previsão de fraquezas possíveis, à única fraqueza impossível para intelectuais responsáveis: não lutar sem restrições contra os abusos quer das palavras quer do poder" —, a esse rosto inseguro preferimos o rosto vibrante dos seus dias de jornalismo no **Combat**, o rosto ardente e fremente da comunhão no sacrifício colectivo. Não que esqueçamos que a flor ardia lá no fundo, que no fundo continuava a sentir-se "solidário com os homens que sofrem" e onde sofrem. Mas porque receamos que o mito das "mãos limpas", mais ardilosa e capciosamente perigoso do que o das mãos que se conspurcam com a terra, seja, nos tempos modernos, a raiz ou o pretexto da alienação e da traição do próprio homem. Injúria que não fazemos a Camus — mas aos que exploram covardemente o seu pudor. E o que choramos sobretudo nesta morte é a palavra suspensa e sem reservas que os calaria...

(Publ. em VÉRTICE, 1960, v. 20, n.º 198)

10

A Um Ano de Distância...

MARCEL MARCEAU

Apresentação em Coimbra de Marcel Marceau. Não se pode dizer o que foi esta experiência. Arte, arte puríssima e sem véu, uma daquelas manifestações de beleza tão directas e incisivas que quase resultam dolorosas. Entrevisto na Alemanha na TV (já toda a gente falava do grande mimo da França), foi, todavia, o Cinema que mo revelou em dois pequenos filmes trazidos ao Clube: **Pantomimes** e **Jardin Public**. Pedindo o rosto à "Commedia dell'Arte", ninguém supõe a surpreendente magia que se suspende da sua máscara de títere. No Cinema eu vira **A marcha contra o vento, Luta de tracção, Adolescência, maturidade, velhice e morte,** trechos das pantomimas de Bip — **Bip domador, Bip e a Borboleta, Bip David e Golias** — além, como já disse, de **Jardim Público**. Desde logo achara insuperáveis a técnica, o ritmo, a volubilidade, a ironia, a pungência, de cada uma dessas criações de mímica, particularmente desse poema profundo que é **Adolescência, maturidade, velhice e morte,** e desse frémito vegetal, quase carne e sangue de mariposa, que é a mão adejante de **Bip e a borboleta**. Em **Jardim Público** admirara, além disso, sob a sapiente decoração que lhe emprestava o Cinema, o estudo psicológico finíssimo dos múltiplos avatares de Marcel Marceau, desde o imponente polícia à velha bisbilhoteira, ao garoto que brinca, aos namorados que se beijam, e, por último, pungentemente, ao velho mendigo que arrasta a sua bengala. Era uma onda de ternura lúcida que subia da tela a cada movimento do mimo. Era uma arte, uma terrível arte sem palavras...

Contudo, uma certa desconfiança me mordia no íntimo de que essa arte não conseguisse suster um público inquieto pelo espaço de três horas a fio; uma espécie de medo por essa arte — de que não resista o que ardentemente admiramos... Mas o que é certo é que resistiu, que olimpicamente triunfou, convencendo os incrédulos. Sobre as tábuas frias do "Avenida", o alvaiade de uma máscara, a lantejoula de um títere, riscou a trajectória de uma estrela. Na primeira parte, sòzinho, sem o amparo de uma nota de música, branco e despido sob a impiedade do projector. Desde os números que eu vira até aos outros e insólitos trechos — **A escada, O escultor, O prestidigitador, O saltimbanco** —, um corpo só, contraindo-se e descontraindo-se, equilibrando-se e desequilibrando-se, vai tecendo a rede de gestos que tudo insinuam, surpreendentemente criticam, anatomicamente definem, humanamente essencializam. Uma "arte do fogo", como diria Valéry, tremendamente frágil e fluida, mas exigindo a justeza e a compacticidade do diamante. E, sem desabono para o Cinema, não posso deixar de preferir a pura construção do **Jardim Público** sem "*décor*" nem mudanças, vivido ante os olhos do espírito como uma teia de destinos e sombras. Como, de resto, só o Teatro nos transmite o frémito vivo desse corpo *hic et nunc*, perpetuamente arriscado a falir e em cada momento conseguindo vencer, alterando o próprio risco do desenho em pequeníssimas e subtilíssimas improvisações, contagiando toda uma sala com a "suspense" poderosa e sem truque de cada pé que alonga, de cada mão que estende, de cada ruga que vinca — de cada princípio de gesto tão audaciosa e perigosamente falível como é fecundo depois do gesto perfeito. E, entre todas as criações, ninguém poderá esquecer a maravilha lírica de **Adolescência, maturidade, velhice e morte,** síntese de um destino tragicamente comum, aqui com um ritmo, a meu ver, mais seguro do que no cinema — com uma maturidade mais esplendente e radiosa e um entardecer tão agreste, humano e doloroso, que não sei de crepúsculo mais verdadeiro e mais triste.

Na segunda parte, foi Bip que nos comoveu, deliciou e arrastou. O lúcido Bip (ginasta superior) dos malogros no "*ring*" de patinagem; o Bip satírico, volúvel e excêntrico, desse "prodígio de encenação", como alguém escreveu, que é **Bip numa "soirée" mundana;** o Bip malabarista de **Bip David e Golias**; o Bip humaníssimo e chaplinesco de **Bip músico ambulante;** o Bip lírico, vegetal, animal, pura e visível "lacrima rerum", da caça das borboletas (quem viu morrer pungentemente uma borboleta como a sua?); e, finalmente, o Bip cruel, à altura da tragédia grega, à altura dos ritos sacros e divinatórios, da suprema agonia da dilaceração das consciências, do destino fungível das nossas fúteis aparências — **Bip fabricante de máscaras,** *"jongleur de estrelas"*, como diria José Régio. O maior mimo do mundo, não tenho receio de o repetir com os que ainda possuem o imenso dom de admirar. Não o discuto com Charlot, que é extremamente grande no seu género, na sua composição de mímica cinematográfica, feita para a tela e para a riqueza da tela. Discuto-o nesse género de mimo puro, puro corpo e puro rosto, enrolando-se e desenrolando-se em hipóteses de cacto, de rosa branca, de anémona húmida, pura vergôntea humana à mercê de um indecifrável e inumerável peso de destinos. Virgem de tudo o que não seja a sua própria raiz — plástica de células e de espírito, congeminação efabulante de névoa rítmica e de lúcidos alabastros...

(Publ. em "BOLETIM DE TEATRO", 2, Maio de 1961)

Desenho de Aníbal de Almeida

11

SAINT JOHN PERSE

Ils m'ont appelé l'obscur et j'habitais l'éclat.

(S. J- P., **Amers**: Strophe, II)

A atribuição, nos últimos cinco anos, do Prémio Nobel da Literatura a nada menos que quatro poetas europeus (na medida em que o grande poeta russo bem mais o merece talvez do que o prosador — que é sobretudo ainda um poeta — quer de **O Doutor Jivago** quer de **Aubiografia**) é um desmentido flagrante da opinião de certa crítica francesa que julgava, no decurso dos anos 30, que a poesia era uma forma destinada a desaparecer [1]. Se o renovo dessa forma expressiva, com um ímpeto verdadeiramente visceral, nos anos sangrentos da resistência e da luta, não tivesse mostrado, justamente na França, a sua íntima conexão com o próprio destino e a própria essência do homem — não tivesse demonstrado amplamente que a poesia constitui, ontem como hoje, a voz primeira da comunicação ou da comunhão —, bastar-nos-ia este facto de se atribuir o Prémio Nobel a um Juan Ramón, a um Pasternak, a um Quasimodo e agora a um Saint-John Perse, para se saber que a poesia continua a estar presente no coração e na inteligência contemporânea. Não há dúvida de que, se para criar poesia é necessária, como alguém disse, "uma disposição do universo" [2], nós estamos num universo particularmente disposto ao regime

---

[1] Cfr. André BILLY, *La littérature française contemporaine*, 4.ª ed., 1932, págs. 206 e segs.

[2] Verso de Jules ROMAIN, em *Europe*.

dessa forma expressiva, enquanto não apenas romancistas, como Sinclair Lewis, a buscam como um termo da evolução da sua obra, mas cientistas da estirpe de um Einstein pressentem a magia inquietadora de um "mistério" que constitui, além disso, uma alta forma de intuição [1]. Já um filósofo escreveu que *"plus le monde se rationnalise et mécanise, plus il requiert les "poètes" comme les saveurs et le ferment de sa personalité"* [2].

Contudo, a atribuição do Prémio Nobel ao autor de **Éloges, Anabase, Vents** e **Amers,** tem o relevo de um desmentido mais cabal dessa falência da poesia do que qualquer prémio atribuído a qualquer poeta precedente. Com efeito, não só demonstra que a poesia permanece entre as predilecções do homem de hoje, como permanece na sua feição mais contrastante como o que dir-se-ia o próprio gosto contemporâneo: numa feição que, segundo certa crítica, não está no gosto da poesia mais moderna. Quero referir-me naturalmente ao tom épico, que, supondo-se extinto desde as obras de um Tasso, de um Ariosto e de um Camões, se julga ter-se transferido, a partir da renascença, para o domínio da prosa — para o domínio do romance; e à tendência para crer — já não falando num Milton, num Byron, num Goethe, que seriam sobretudo líricos — que as próprias obras da epopeia renascencista valeriam essencialmente pelo que teriam de não épico, de confissão interior, de lirismo, em resumo. A intencionalidade, a objectividade, a eloquência, a amplitude, a lógica discursiva, seriam intrusões inaceitáveis na poesia moderna — no que se entende ser verdadeira poesia —, significando a epopeia, com todos esses factores, uma experiência pelo menos tão ambígua como, na música, a experiência wagneriana. Opinião largamente estendida desde as reacções anti-Hugo — e, entre nós, anti-Junqueiro —, que levaram, no plano artístico, às *recherches* de Mallarmé, de Brémond e do surrealismo, e, no plano

---

[1] Cfr. Alain BOSQUET, *Saint-John Perse*, em "Poètes d'aujourd'hui", n.º 35, pág. 9. Einstein descobriu em S. J. P. um laboratório, referindo o próprio poeta que o sábio quis entender "porque é que o processo da criação poética não é puramente lógico, como é que se podia situar a formação do poema na grande encruzilhada das equações, por que caminho ele saía do pensamento". O poeta responde: "Reconheço, intuitivamente, uma espécie de iluminação à partida; depois, um mecanismo racional. Mas, ao invés do que se passa com os cientistas, a poesia não conhece uma fase de experimentação" (cfr. "Arts", 2-8 de Nov. de 1960: *4 heures avec Saint-John Perse*).

[2] Teilhard de CHARDIN, *Les trois phases de l'économie*.

crítico, a uma teorização da poesia que a transforma praticamente numa arte de escol (numa arte de deleitação da burguesia — não numa arte do homem ou à altura do homem).

Ora em Alexis Léger-Léger — ou, preferivelmente, em Saint-John Perse —, como nalguns dos maiores poetas contemporâneos (num Claudel, num Valéry, num Bloch, num Maiakovski, num Brecht, num Garcia Lorca, num Neruda, num Eliot, num Fernando Pessoa, num Jorge de Lima, etc.), a poesia apresenta-se como uma síntese de valores que são, sem dúvida, uma projecção da epopeia; e, em Saint-John Perse, com um tom mais epopaico do que em qualquer dos outros poetas que indicámos: com um epismo paradoxalmente mais explícito e mais profundo, quer dizer, mais implícito.

A sua explícita vocação epopaica revela-se, desde logo, na amplitude do seu verso: no seu próprio fluir de rio generoso, que alarga a composição grega e latina num ritmo solto e envolvente que recorda o versículo da tradição oriental (do **Livro dos Mortos**, do **Êxodo**, da poesia muçulmana, chinesa e hindu). Contra o metro curto de uma poesia contida que fora cara aos simbolistas e a numerosos modernistas (como hoje o é a muitos surrealistas) — poesia do epigrama, do "hai-kai", da diversão circunscrita e inteligente —, temos uma poesia de amplo ritmo ou respiro, propícia aos grandes vôos da moderna epopeia. E isto desde as *Images à Crusoé*, escritas em 1904 com 17 anos — e onde, como frisa Bosquet, se sente desde logo "o tom e a altitude de uma obra que nunca mais os deixará: já aí estamos definitivamente ao nível do discurso sagrado, envolvido de imagens que, a despeito da precisão do pormenor, ficam fora do espaço como do tempo" [1] —, até aos poemas de **Vents** e **Amers**, onde o ritmo do poeta verdadeiramente se transmuda numa prosódia contínua e marulhante:

> O multiple et contraire! ô Mer plénière de l'alliance et de la mésentente! toi la mesure et toi la démesure, toi la violence et toi la mansuétude; la pureté dans l'impureté et dans l'obscénité — anarchique et légale, illicite et complice, démence!... et quelle et quelle, et quelle encore, imprévisible?

(**Amers:** Choeur, 3)

---

[1] *Ob. cit.*, pág. 18.

Por outro lado, reatando a tradição da epopeia, a poesia de Saint-Johh Perse é uma poesia elevada e rica, uma poesia de "fúria grande e sonorosa", como disse Camões, poesia que não recusa a eloquência, a veemência e a expansão verbal, na medida em que se destina a amplamente comover. Contra o intimismo, o discretismo ou o domesticismo de certas formas líricas modernas, que não ocultam o seu pudor das palavras, o seu medo do material sonoro, poesia desconfiada e envergonhada do que é na sua raiz — idioma incandescente —, temos uma poesia de clamor, uma poesia de esplendor, que se orgulha e enaltece da sua própria expressão:

> "*...Toujours il y eut cette clameur, toujours il y eut cette splendeur,*
> *Et comme un haut fait d'armes en marche par le monde, comme un dénombrement de peuples en exode, comme une fondation d'empires par tumulte prétorien, ha! comme un gonflement de lèvres sur la naissance des Livres,*
> *Cette grande chose sourde par le monde et qui s'accroît soudain comme une ébriété".*

(**Exil**, III)

Além disso, e confirmando o mesmo estilo, a poesia de Saint-John Perse é uma poesia de excursão e aventura, um turismo interior e exterior, o que é tão válido para a sua **Anabase** — poema de amplas terras e amplas descobertas — como para os seus **Éloges** e sobretudo os seus **Vents** e **Amers**. Contra um subjectivismo que enrola e desenrola as suas contas inúteis numa como que infrene masturbação adolescente, eis uma poesia objectiva que como nenhuma outra se recusa a falar do autor, que como nenhuma outra é anti-autobiográfica, muito embora a percorra o espesso sangue de uma experiência multímoda, enriquecida e amadurecida na comunhão com o cosmos. Se nos **Éloges** perpassa ainda a recordação das suas Antilhas da infância, sombras antigas de uma doméstica ternura —

> *Et les servantes de ma mère, grandes filles luisantes...*

(***Pour fêter une enfance***, II)

se da memória do poeta, como uma viva e sensível recriação proustiana, se ergue a fulgência do mar de Guadalupe

> *étagée comme un ciel au-dessus des vergers*

(*Ibid.*, V)

onde

> *il y avait à quai de hauts navires à musique*
>
> *(Ibid.)*

se aí o poeta ainda gosta de ficar, como diz numa imagem única,

> *assis dans l'amitié de mes genoux*
>
> (**Éloges**, XVIII)

já aí, porém, a contínua recordação pelas coisas, pelos seres amigos, pelos belos e brilhantes objectos —.

> *j'ai une alliance avec les pierres veinées-bleu*
>
> *(Ibid.)*

— retira à evocação todo o pendor sentimental egotista e prepara a expedição de **Anabase**, a solidão fecunda de **Exil**, a metafísica opulenta e nietzschiana de **Vents**. Então aqui é o mundo todo que entra em cena, um mundo carregado de toda a história e de toda a cultura, servido de toda a linguagem do comércio, da conquista e da navegação, sem receio do arcaismo, do neologismo, do tecnicismo, do cientismo — e até, coisa mais rara, de um eloquente juridicismo (o admirável "aubaine" do poema de **Amers**) —, uma poesia com toda a experiência dos séculos numa vasta oratória, fluente e sugestiva, como é difícil haver outra na literatura contemporânea. Tal como nos grandes poemas épicos, é preciso — não limparmo-nos da erudição, como apregoa o puritanismo da poesia casta —, mas reintegrarmo-nos na aventura filológica do mundo, reintegrarmo-nos verdadeiramente num mundo em que a filologia será gnoseologia, antropologia, cosmologia e até teologia, autêntico monismo poético deslumbrante de uma arte de elogio prosódico, de simultanismo histórico-filológico, em que o mar e o vento, a cultura e a língua, a sintaxe e o homem, se unem as mãos num mesmo ser indissolúvel. No princípio era o verbo — apetece repetir —, *logos* contínuo, recriador e inabalável:

> "*...Toujours il y eut cette clameur, toujours il y eut cette grandeur,*
> *Cette chose errante par le monde, cette haute transe par le monde,*
> *et sur toutes grèves de ce monde, du même souffle proférée, la même vague proférant*
> *Une seule et longue phrase sans césure à jamais inintelligible...*"
>
> (**Exil**, III)

"...Plus haute, chaque nuit, cette clameur muette sur mon seuil, plus haute, chaque nuit, cette levée de siècles sous l'écaille,
 Et, sur toutes grèves de ce monde, un ïambe plus farouche à nourrir de mon être!..."

(Ibid.)

 (...) voici qu j'ai dessein d'errer parmi les plus vieilles couches du langage, parmi les plus hautes tranches phonétiques: jusqu'à des langues très lointaines, jusqu'à des langues très entières et très parcimonieuses,
 comme ces langues dravidiennes qui n'eurent pas de mots distincts por "hier" et pour "demain"... Venez et nous suivez, qui n'avons mots à dire: nous remontons ce pur délice sans graphie où court l'antique phrase humaine; nous nous mouvons parmi de claires élisions, des résidus d'anciens préfixes ayant perdu leur initiale, et devançant les beaux travaux de linguistique, nous nous frayons nos voies nouvelles jusqu'à ces locutions inouïes, où l'aspiration recule au delà des voyelles et la modulation du souffle se propage, au gré de telles labiales mi-sonores, en quête de pures finales vocaliques.

(Neiges, IV)

 Car tout un siècle s'ébruitait dans la sécheresse de sa paille, parmi d'étranges désinences (...)
 Comme ce grand arbre de magie sous sa pouillerie d'hiver: vain de son lot d'icônes, de fétiches,
 Berçant dépouilles et spectres de locustes; léguant, liant au vent du ciel filiales d'ailes et d'essaims, lais et relais du plus haut verbe —
 Ha! très grand arbre du langage peuplé d'oracles, de maximes et murmurant murmure d'aveugle-né dans les quiconces du savoir...

(Vents, I, 1)

 ...Des terres neuves, par là-bas, dans un très haut parfum d'humus et de feuillages,
 Des terres neuves, par là-bas, sous l'allongement des ombres les plus vastes de ce monde,
 Toute la terre aux arbres, par là-bas, sur fond de vignes noires, comme une Bible d'ombre et de fraîcheur dans le déroulement des plus beaux textes de ce monde.

(Ibid., II, 1)

Ainsi la Mer vint-elle à nous dans son grand âge et dans ses grands plissements hercyniens — toute la mer à son affront de mer, d'un seul tenant et d'une seule tranche!

Et comme un peuple jusqu'à nous dont la langue est nouvelle, et comme une langue jusqu'à nous dont la phrase est nouvelle, menant à ses tables d'airan ses commandements suprêmes,

Par grands soulèvements d'humeur et grandes intumescences du langage, par grands reliefs d'images et versants d'ombres lumineuses, courant à ses splendeurs massives d'un très beau style périodique, et telle, en ses grands feux d'écailles et d'éclairs, qu'au sein des meutes héroiques,

La Mer mouvante et qui chemine au glissement de ses grands muscles errants, la Mer gluante au glissement de plèvre, et toute à son afflux de mer, s'en vint à nous sur ses anneaux de python noir,

Très grande chose en marche vers le soir et la transgression divine...

(***Et vous, mers....*** 6)

Por isso mesmo, a poesia de Saint-John Perse é uma poesia de razão, de interpretação, de inteligência do cosmos, um grande "discurso" segundo o estilo epopaico, *"quête et conquête spirituelle de son univers"* — como alguém disse ultimamente — *"une demarche patiente et passionée, une marche, une anabase"* [1]. "Um poeta deve ir mais longe do que as fronteiras habituais" — proclama o escritor; "tem o direito, o dever, de explorar o misterioso, o obscuro". A poesia é "um modo de vida, de conhecimento para o ser humano", "o modo mais legítimo de exploração para o espírito, melhor do que qualquer outra forma de dialéctica". Quem disse que a poesia vive do caos, da confusão, da embriaguez do inconsciente? "É preciso ficar lúcido: manejar o real indo para os temas abstractos, escolher bem os materiais" [2].

Porque a poesia é vida — e eis a última nota da epopeia —, compromisso com a vida, intenção e acção. *"Une histoire pour les hommes, un chant de force pour les hommes"*, proclamava o príncipe da aventura do poeta [3], que não cessa de advertir de que é poeta "para viver melhor e mais longe", de que "o poeta deve tornar-se no poema", deve "tornar-se acção", "deve ser, deve agir, deve incarnar o poema" [4]. E incarnar o poema é re-criar os seres e as coisas de que o poema fala,

---

[1] Cfr. "Esprit", Jan. de 1961: *Avez-vous lu Perse?*, pág. 181.
[2] Cfr. "Arts" cit.
[3] *Anabase*, VI.
[4] Cfr. "Arts" cit.

é confundir-se com eles, é participar na sua angústia por uma comunhão simpatizante (no sentido grego da palavra: com-dolente). Só quem de todo desconhece esta obra não sentirá a sua simpatia pelos homens e as coisas: homens e coisas *hic et nunc*, homens e coisas *hic et semper*. Desde os seres mais humildes —

> *A présent laissez-moi, je vais seul*
> *Je sortirai, car j'ai affaire: un insecte m'attend pour traiter*
>
> (**Éloges**, XVIII)

aos seus doces animais —

> *J' ai aimé un cheval — qui était-ce?*
>
> (*Ibid.* II)
>
> *Chamelles douces sous la tonte, cousues de mauves cicatrices*
>
> (**Anabase**, VII)

à sua terra de infância, aos seus homens, aos seus gestos comezinhos —

> *...Ma bonne était métisse et sentait le ricin; toujours j'ai vu qu'il y avait les perles d'une sueur brillante sur son front, à l'entour de ses yeux — et si tiède, sa bouche avait le goût des pommes-rose, dans la rivière, avant midi.*
>
> (**Pour fêter une enfance**, IV)
>
> *...Et je n'ai pas connu Leurs voix, et je n'ai pas connu toutes les femmes, tous les hommes qui servaient dans la haute demeure*
> *de bois; mais pour longtemps encore j'ai mémoire*
> *des faces insonores, couleur de papaye et d'ennui, qui s'arrêtaient derrière nos chaises comme des astres morts.*
>
> (*Ibid.*)
>
> *...Ceux qui sont vieux dans le pays le plus tôt sont levés*
> *à pousser le volet et regarder le ciel, la mer qui change de couleur*
> *et les îles, disant: la journée sera belle si l'on en juge par cette aube.*
>
> (**Éloges**, XVI)

à vasta terra de todo o sonho, de toda a seiva, de toda a semente —

> *Terre arable du songe! Qui parle de bâtir?*
>
> (**Anabase**, X)

ao filho de toda a miséria, de toda a expectativa —

> *(...) comme la mèche que suce une très vieille petite fille osseuse, au mains blanches de lèpre.*
>
> (**Éloges**, XIII)

> *Midi, ses fauves, ses famines (...)*
> *— Quelles filles noires et sanglantes vont sur les sables violents longeant l'effacement des choses?*
>
> (***Midi, ses fauves, ses famines...***)

ao grito de toda a revolta alimentada na solidão—

> *"(...) Je vous dirai tout bas le nom des sources où, demain, nous baignerons un pur courroux".*
>
> (**Exil**, VII)

Como só quem não leu esse poema comovente que é *Poème à l'Étrangère* pode ignorar o acento de angústia que brota dos seus lábios de exílio, essa dor para além das lágrimas —

> *"...Non point de larmes — l'aviez cru? —mais ce mal de la vue qui nous vient, à la longue, d'une trop grande fixité du glaive sur toutes braises de ce monde (...)"*
>
> (II)

essa dor para além do canto —

> *"...Vous qui chantez — c'est votre chant — vous qui chantez tous bannissements au monde, ne me chanterez-vous pas un chant du soir à la mesure de mon mal?"*
>
> (*Ibid.*)

essa dor por uma Europa desfeita —

> *ma chienne d'Europe qui fut blanche et, plus que moi, poète.*
>
> (III)

Porém, é em **Vents** que a epopeia do homem se traça como um vinho de fértil desespero. Uma epopeia em que um novo mundo se esboça, um mundo em que é preciso aportar quanto antes, porque é o homem que o exige em toda a sua plenitude:

> *...Mais c'est de l'homme qu'il s'agit! Et de l'homme lui-même quand donc sera-t-il question? — Quelqu'un au monde élèvera-t-il la voix?*
> *Car c'est de l'homme qu'il s'agit, dans sa présence humaine; et d'un agrandissement de l'oeil aux plus hautes mers intérieures.*
>
> *Se hâter! se hâter! témoignage pour l'homme!*
>
> (III, 4)

Por isso o poeta surge como um anjo anunciador:

> *...Avec son peuple de servants, avec son peuple de suivants, et tout son train de hardes dans le vent, ô sourire, ô douceur,*
> *Le Poète lui-même à la coupée du Siècle!*
> *(...)*
> *Car c'est de l'homme qu'il s'agit, et de son renouement.*
> *Quelqu'un au monde n'élèvera-t-il la voix? Témoignage pour l'homme...*
> *Que le Poète se fasse entendre, et qu'il dirige le jugement!*
>
> (*Ibid.*)

ignorando os litígios, mas ansioso de comunhão e de fecunda claridade:

> "*Je t'ignore, litige. Et mon avis est que l'on vive!*
> *Avec la torche dans le vent, avec la flamme dans le vent,*
> *Et que tous hommes en nous si bien s'y mêlent et se consument,*
> *Qu'à telle torche grandissante s'allume en nous plus de clarté...*
>
> (III, 5)

e "interrogando a terra inteira", para conhecer a razão da desordem das coisas, e sentindo, por vezes, o abandono e a dúvida, mas retomando *"un soir la route des humains"*:

> *Et l'homme encore fait son ombre sur la chaussée des hommes.*
> *Et la fumée de l'homme est sur les toits, le mouvement des hommes sur la route,*
> *Et la saison de l'homme sur nos lèvres comme un thème nouveau...*
>
> (IV, 2)

e percorrendo todo o mundo à busca do

> *pays tendre et clair de nos filles, un couteau d'or au coeur!*
>
> (IV, 4)

Um país novo onde

> *nous vous demanderons un compte d'hommes nouveaux — d'hommes entendus dans la gestation humaine, non dans la précession des équinoxes.*
>
> (Ibid.)

um país que seja "o fim de uma época":

> *"...Nous avions rendez-vous avec la fin d'un âge. Nous trouvons-nous avec les hommes d'un autre âge?"*
>
> (IV, 5)

que não transija com tudo aquilo que foi —

> *"Il n'y a plus pour nous d'entente avec cela qui fut"*
>
> (Ibid.)

— com a "sabedoria", com a "prudência", com *"ce pain d'ordure et de mucus"*, *"ce sédiment des âges sur leurs phlegmes"*. Porque

> *"(...) c'est temps de bâtir sur la terre des hommes. Et c'est regain nouveau sur la terre des femmes.*
> *De grandes oeuvres déjà tressaillent dans vos seigles et l'empennage de vos blés"*
>
> (Ibid.)

É o "Ano Novo", a "linha direita", que *"court aux rampes où vibre le futur"*! Pelo que o vento, o "Mestre do canto", não desarma, incitando os homens, incitando o poeta:

> *"Je hâterai la sève de vos actes. Je mènerai vos oeuvres à maturation.*
> *(...)*
> *Et le poète est avec vous. Ses pensées parmi vous comme des tours de guet. Qu'il tienne jusqu'au soir, qu'il tienne son regard sur la chance de l'homme!*
> *(...)*
> *Et vous aviez si peu de temps pour naître à cet instant!"*

(Ibid.)

E o poeta termina com este canto ao futuro — hino ao futuro com certo travo de tristeza pelo contraste com o mundo em que o sonhou:

> *...C'étaient de très grands vents sur la terre des hommes — de très grands vents à l'oeuvre parmi nous,*
> *Qui nous chantaient l'horreur de vivre, et nous chantaient l'honneur de vivre, ah! nous chantaient et nous chantaient au plus haut faîte du péril,*
> *Et sur les flûtes sauvages du malheur nous conduisaient, hommes nouveaux, à nos façons nouvelles.*
> *(...)*
> *Et nous haussaient, hommes nouveaux, au plus haut faîte de l'instant,*
> *(...) nous versaient un soir à telles rives, nous laissaient,*
> *Et la terre avec nous, et la feuille, et le glaive — et le monde où frayait une abeille nouvelle...*

(IV, 6)

Porém, a última nota é ainda de fé na Poesia:

> *Et nos poèmes encore s'en iront sur la route des hommes, portant semence et fruit dans la lignée des hommes d'un autre âge —*
> *Une race nouvelle parmi les hommes de ma race, une race nouvelle parmi les filles de ma race, et mon cri de vivant sur la chaussée des hommes, de proche en proche, et d'homme en homme,*
> *Jusqu'aux rives lointaines où déserte la mort!*

(Ibid.)

e sobretudo de crença — de uma crença irredutível — no novo mundo que já sente em gestação:

> *Quand la violence eut renouvelé le lit des hommes sur la terre,*
> *Un très vieil arbre, à sec de feuilles, reprit le fil de ses maximes...*
> *Et un autre arbre de haut rang montait déjà des grandes Indes souterraines,*
> *Avec sa feuille magnétique et son chargement de fruits nouveaux.*

(IV, 7)

Poesia do tempo, "habitada" do seu tempo, "infestada" do seu tempo:

> *Et le Poète encore est avec nous, parmi les hommes de son temps, habité de son mal...*
> *(...)*
> *Homme infesté du songe, homme gagné par l'infection divine*

(**Vents**, III, 6)

Poesia para os homens — a grande massa dos homens —, não diversão para os "eleitos":

> *"Le cri! (...) qu'il nous saisisse en pleine foule, non dans les chambres. Et par la foule propagé qu'il soit en nous répercuté jusqu'aux limites de la perception..."*

(*Ibid.*)

Logo, não uma estética gratuita ("A poesia não é um acto gratuito" — proclama Saint-John Perse) [1], mas um acto de paz, de comunhão e de amor:

> *Et vous pouvez remettre au feu les grandes lames couleur de foie sous l'huile. Nous en ferons fer de labour, nous connaîtrons encore la terre ouverte par l'amour, la terre mouvante, sous l'amour, d'un mouvement plus grave que la poix.*

(**Vents**, IV, 6)

E, com efeito, é um alto canto de amor o que o poeta nos oferece depois da epopeia masculina de **Vents**: a larga modulação feminina de

---

[1] Cfr. "Arts" cit.

Amers, epopeia do amor, da plenitude, da procriante veemência cósmica. Tudo o que havia de ansiedade agreste no poema precedente, volve-se aqui numa expectativa maravilhada e doce:

> "*Je vous ferai pleurer, c'est trop de grace parmi vous...*"
>
> (**Et vous, mers...**, 2)

numa avidez de homem tangido pelo desejo:

> *Et vers la Mer, de toutes parts, ce ruissellement encore des sources du plaisir...*
>
> (*Ibid.*)

numa efusão que se quer viva e pungente como uma longa "*récréation du coeur*":

> *Amants, ô tard venus parmi les marbres et les bronzes, dans l'allongement des premiers feux du soir,*
> *Amants qui vous taisiez au sein des foules étrangères,*
> *Vous témoignerez aussi ce soir en l'honneur de la Mer*
>
> (***Étroits sont les vaisseaux***, abert.)

E eis o cerne do canto que se entreabre numa extrema e nocturna infloração vermelha:

> *amour et mer de même lit, amour et mer au même lit*
>
> (*Ibid.*, 1)

— uma luta de corpos que resume a verdadeira confluência dos seres, toda uma cosmologia embriagadora e procriadora desdobrada na eloquência mais nobre e definitiva. Homem e mulher, mulher e mar, mar e infinito, orquestram-se no mesmo ritmo envolvente e grandioso, na mesma fremente solicitação da Poesia para as violações mais interditas e completas:

> *Et tu ressents l'étreinte incoercible, et t'ouvres — libre, non libre — à la dilatation des eaux; et la mer rétractile exerce en toi ses bagues, ses pupilles, et le jour rétrécit, et la nuit élargit, cet oeil immense qui t'occupe... Hommage! hommage à la complicité des eaux! Il n'est point là d'offense pour ton âme!*
>
> (*Ibid.*, 3, 2)

> ...*Nous te disions l'Épouse mi-terrestre: comme la femme, périodique, et comme la gloire, saisonnière;*
> *Mais toi tu vas, et nous ignores, roulant ton épaisseur d'idiome sur la tristesse de nos gloires et la célébrité des sites engloutis.*
> *Faut-il crier? faut-il prier?... Tu vas, tu vas, l'Immense et Vaine, et fais la roue toi-même au seuil d'une autre Immensité...*"

(Mer de Baal, Mer de Mammon, 4)

Porque, na essência, é o amor que fica, procriante e profundo, um amor que conjuga o carnal e o espiritual, o individual e o universal, na mesma empresa de generosa Poesia: uma Poesia que é mais do que nunca para todos, à medida de todos —

> *Nous t'invoquons enfin toi-même, hors de la strophe du Poète. Qu'il n'y ait plus pour nous, entre la foule et toi, l'éclat insoutenable du langage*

(Ibid.)

e que é mais do que nunca participação ou comunhão, identidade perfeita num monismo de esplendor:

> "*Ah! nous avions des mots pour toi et nous n'avions assez mots*
> *Et voici que l'amour nous confond à l'objet même de ces mots.*
> *(...)*
> *Ou mieux, te récitant toi-même, le récit, voici que nous te devenons toi-même, le récit,*
> *Et toi-même sommes nous, qui nous étais l'Inconciliable: le texte même et son mouvement de mer,*
> *Et la grande robe prosodique dont nous nous revêtons...*"

(Ibid.)

Poesia de síntese, na dialéctica do homem; poesia de confiança, de optimisrno, de esperança — uma esperança que vence as angústias do exílio, que permanece viva mesmo nas rugas do "*grand âge*", como o poeta afirma na sua última **Chronique**:

> *Grande âge, vous mentiez: route de braise et non de cendre: la face ardente et l'âme haute.*

Verdadeiramente um poeta épico, verdadeiramente a vocação da epopeia, pressentida, aliás, desde a primeira inspiração:

> *Vraiment j'habite la gorge d'un dieu.*

(Éloges, IX)

E, contudo, apesar dessa inspiração, é indiscutível que a poesia de Saint-John Perse se abstém magnificamente dos vários vícios do epismo que denunciam alguns poetas contemporâneos: que o seu acento é mais implícito ou puro, menos propenso a resvalar em certos erros que são o reverso das virtudes indicadas. Poucos possuindo tão alto tom de epopeia, nenhum possui também um gosto mais seguro na concepção e realização dessa epopeia: e uma distância maior, por causa desse classicismo, em relação à poesia prevalente (bem mais disposta a perdoar alguns excessos do que a admitir as virtudes no seu clássico registo: até porque estas lhe desmentem os pretextos que justificam a sua própria alienação).

Nunca, por exemplo, na obra de Saint-John Perse, a amplitude se caracteriza pela reacção anti-rítmica que caracterizou o versilibrismo e o futurismo incipiente, degradando a poesia em prosa, esquecendo os valores da cesura, substituindo à prisão de uma provecta disciplina a confusão de uma desordem sem mercê. Pelo contrário, uma profunda compreensão de toda a arte dos ritmos, um tecido sortílego e sapiente que não encontra paralelo na literatura contemporânea: nem no versículo apoiado na mera "respiração" — o "ritmo humano, fisiológico" [1] de um Claudel —, nem na "rondine" *cantabile* de um Paul Fort. Cada verso é uma estrutura coesa de outros versos interiores, perfeitamente medidos e perfeitamente cerzidos, numa economia original e deslumbrante:

> "*Deux fronts de femmes sous la cendre (8 síl.), du même pouce visités (8); deux ailes de femmes aux persiennes (8), du même souffle suscitées (8)...*"

(**Exil**, VII)

> *La Mer, en nous tissée (5), jusqu'à ses ronceraies d'abîme (8), la Mer, en nous tissant (5) ses grandes heures de lumière (8) et ses grandes pistes de ténèbre (8)*

(***Et vous, mers...*** 3)

Por outra via, nunca em Saint-John Perse a eloquência é, como o poeta diz, "uma retórica em sentido pejorativo, uma alegria verbal

---

[1] Cfr. BILLY, *ob. cit.*, pág. 59.

contínua" ¹, mas, ao invés, uma capacidade contínua de contensão, de precisão, uma recusa da proliferação. "Eu procedo por subtracções, por elipses, por omissões" — declara Perse, negando o corpo a uma crítica fácil a alguns dos grandes poetas "épicos" modernos (a um Claudel, a um Pessoa, a um Neruda, a um Jorge de Lima). Poesia de rigor, de autocrítica, de vigor, com a tensa robustez das sínteses lúcidas e exactas:

> *Midi, son peuple, ses lois fortes...*
> *Midi, ses forges, son grand ordre...*
> *Midi, sa foudre, ses présages...*
>
> (***Midi, ses fauves, ses famines...***)

Também para ele a objectividade não consiste nesse *"je cesse lentement d'être moi"* ² de um unanimismo mecânico e nirvânico, uma dissolução do eu na hipertrofia do objecto, que, por seu turno, se dissolve numa natureza sem sentido. Inversamente, é uma descoberta das coisas — um *elogio* das coisas —, individualizando e distinguindo, reconhecendo e autenticando. A cada coisa o seu vulto, a cada vulto o seu nome. O nome — a síntese de uma autenticidade indelével, de uma dignidade invencível, de uma responsabilidade profunda:

> *"J'habiterais mon nom"*
>
> (**Exil**, V)

> *Et c'est l'heure, ô Poète, de décliner ton nom, ta naissance et ta race...*
>
> (**Exil**, VII)

Por sua vez, razão também não é alienação, nem no sentido da "festa do intelecto" de Valéry ³, de *recherche* ou de "exercício", como este poeta usa dizer — constituindo a poesia "uma perpétua modulação cujo efeito seria o *charme* contínuo" ⁴, "um desporto dos homens

---

[1] Cfr. "Arts" cit..
[2] Jules ROMAIN, em *Vie unanime*.
[3] *Littérature*, em *Tel quel*, I, Paris, Gallimard, 1930, pág. 142.
[4] Cfr. Jean HYTIER, *La poétique de Valéry*, Paris, 1953, pág. 297.

insensíveis aos valores fiduciários da linguagem comum" [1] —, nem no sentido de um eufemismo metafórico presente como uma tara nos surrealistas actuais (e presente inclusive na obra de um Lorca, que o recebeu como uma espécie de deformação consanguínea de toda a grande literatura castelhana). Ao invés, a poesia de Saint-John Perse é uma poesia de comunicação, uma poesia de *alma* — aquela "alma" que, no fundo, comoveu Valéry (*"L'âme bien seule avec elle même, et qui se parle, de temps à autre..."*) [2]:

> *Il n'est d'histoire que de l'âme, il n'est d'aisance que de l'âme*
>
> (**Exil**, VII)

um turismo do espírito que nada tem de misógeno, porque é conhecimento e enriquecimento de muitos. O poeta-profeta, não o poeta-esteta:

> *Son occupation parmi nous: mise en clair des messages. Et la réponse en lui donnée par illumination du coeur.*
>
> (**Vents**, III, 6)

Por outro lado, é uma poesia da coisa —

> *Non point l'ecrit, mais la chose même. Prise en son vif et dans son tout.*
>
> (*Ibid.*)

— uma poesia do concreto, do objecto na sua essência mais íntima, uma poesia que prefere o "original" à "cópia", que repudia todo o simbolismo decadente e todo o eufemismo alienante, como lhe repugnam *"les cavaliers sans chevaux de la poesie française qui sévirent pendant des siècles"* [3]:

> *"Et mots pour nous ils ne sont plus, n'étant plus signes ni parures,*
> *Mais la chose même qu'ils figurent et la chose même qu'ils paraient"*
>
> (**Mer de Baal, Mer de Mammon**, 4)

---

[1] *Propos me concernant* (Cfr. Berne-Joffroy, *Présence de Valéry*, précedé de *Propos me concernant*, Paris, Gallimard, 1944, pág. 49).
[2] "Cantiques spirituelles", em *Variété*, V, Paris, Gallimard, 1944, pág. 176.
[3] Cfr. "Arts" cit..

Por fim, a poesia de Saint-John Perse, embora carregada de intenção, é uma poesia que não esquece que o agir poeticamente é o agir através de certos meios, a certo nível de linguagem, a certo nível de rigor. Um princípio que o mais lúcido intencionalista da poesia — um Vladimir Maiakovski — tinha por um princípio absolutamente determinante [1], mas que não foi, muitas vezes, devidamente meditado por grande número dos poetas mais antigos — entre nós, um Junqueiro e até um Gomes Leal —, e, em data posterior e com outra directriz, por um Claudel vincadamente apostólico. Ora o poeta de **Vents** nunca descura a função dos meios típicos com que a poesia tem de vir a exprimir-se — para ser, para *agir* como verdadeira poesia (com toda a força e todo o prestígio da poesia), não sacrificando a eficiência a uma infantil impaciência e a um vão vislumbre a águia viva do relâmpago:

> *Le nitre et le natron sont thèmes de l'exil. Nos pensers courent à l'action sur des pistes osseuses. L'éclair m'ouvre le lit de plus vastes desseins. L'orage en vain déplace les bornes de l'absence.*
>
> *Ceux-là qui furent se croiser aux grandes Indes atlantiques, ceux-là qui flairent l'idée neuve aux fraîcheurs de l'abîme, ceux-là qui soufflent dans les cornes aux portes du futur*
>
> *Savent qu'aux sables de l'exil sifflent les hautes passions lovées sous le fouet de l'éclair... O Prodigue sous le sel et l'écume de Juin! garde vivante parmi nous la force occulte de ton chant!*
>
> (**Exil**, VII)

Assim cantava o poeta, em 1941, do seu exílio de Long Beach Island, ao transmitir a cólera mais pura à *"autre rive où le message s'illumine"*. *"Syntaxe de l'éclair"* sugerindo e prevenindo, nas suas ondas-curtas de amadurecida reflexão. Uma voz de fogo e de fúria, mas cinzelada como o bronze.

Por isto mesmo, ninguém mais clássico do que o poeta de **Neiges**, ninguém mais longe do que o poeta de **Pluies** de uma poesia superficialmente lírica ou excessivamente retórica, ninguém mais frio e altivamente sobranceiro às complacências de certo gosto contemporâneo. E, todavia, nenhum poeta mais moderno no que de autêntico o ser moderno ainda implica: quer dizer, mais atento à refacção de uma

---

[1] Cfr. Elsa TRIOLET, *Maïakovski*, Paris, 1945, págs. 99 e segs..

linguagem que busca sempre ser mais pura e irredutível. Todo o tesouro da renovação da poesia, desde um Baudelaire e de um Rimbaud, se encontra na obra de Saint-John Perse — obra que é como que a súmula dessa mesma experiência, passada pelo ralo de uma sensibilidade filtrante que tudo apura, reelabora e essencializa.

Toda a teoria do *charme*, como diria M. Teste, está aí: toda a teoria dos efeitos, das rimas internas, das aliterâncias, das dissonâncias, das harmonias dos sons, dos cromatismos, dos jogos silábicos:

"Enchantement *du jour à sa* naissance... *Le* vin *nouveau n'est pas plus* vrai, *le* lin *nouveau n'est pas plus* frais...

Quel est ce goût d'airelle, *sur ma lèvre d'étranger, qui m'est chose* nouvelle *et m'est chose* étrangère?..."

(**Vents**, III, 6)

A l'*heure où les contellations labiles qui changeant de vocable pour les hommes d'exi*l *déclinent dans les sables à la recherche d'un lieu pur?*

(**Exil**, IV)

Ha! *tout ce goût d'asile et de casbah, et cette pruine de vieillesse aux moulures de la pierre — sécheresse et supercherie d'autels, carie de grèves à corail, et l'infection soudaine, au loin, des grandes rames de calcaire aux trahisons de l'écliptique...*

(**Vents**, I, 4)

Et celle qui danse comme un psylle à l'entrée de mes phrases

(**Pluies**, II)

Lavez, lavez, au coeur des hommes, leur goût de cantilènes, d'élégies; leur goût de villanelles et de rondeaux; leurs grands bonheurs d'expression; lavez le sol de l'atticisme et le miel de l'euphuisme, lavez, lavez la literie du songe et la litière du savoir

(*Ibid.*, VII)

J'ai vu sourire aux feux du large la grande chose fériée: la Mer en fête de nos songes, comme une Paque d'herbe verte et comme fête que l'on fête

(***Et vous, mers...***, 1)

Da mesma maneira, uma arte consumada na utilização das interjeições evocativas, das suspensões interrogantes, dos silêncios sonoros:

> *O j'ai lieu! ô j'ai lieu de louer!*
>
> (**Pour fêter une enfance**, 5)

> *Depuis un si long temps que nous allions en Ouest, que savions-nous des choses*
> *périssables?... et soudain à nos pieds les premières fumées.*
>
> (**Anabase**, IX)

> *Tu as vaincu! tu as vaincu! Que le sang était beau, et la main qui du pouce et du doigt essuyait une lame!... C'était il y a des lunes. Et nous avions eu chaud.*
>
> (**La gloire des rois:** Histoire du régent)

como, por outra via, das inovações sintácticas, das alterações dos sujeitos, das expedições do inconsciente:

> *(...) voici que nous te devenons toi même, le récit*
>
> (**Mer de Baal, Mer de Mammon**, 4)

> *Et certains disent qu'il faut rire — allez-vous donc les révoquer en doute? Ou qu'il faut feindre — les confondre?*
>
> (**Vents**, IV, 1)

> *Nous avons eu, nous avons eu... Ah! dites-le encore, était-ce bien ainsi?... Nous avons eu — et ce fut telle splendeur de fiels et de vins noirs! — la Mer plus haut que notre face, à hauteur de notre âme; et dans sa crudité sans nom à hauteur de notre âme, toute sa dépouille à vif sur le tambour du ciel, comme aux grands murs d'argile désertés,*
> *Sur quatre pieux de bois, tendue! une peau de buffle mise en croix.*
>
> (**Et vous, mers...**, 6)

Por último, um poder imagístico contínuo, conjugando todas as associações e sugestões da cultura (desde a linguística à artística, à jurídica e à científica), e dando-nos, por vezes, certos momentos indeléveis e indescritíveis na sua enorme ressonância:

> *...C'est la sueur des sèves en exil*
>
> (**Images à Crusoé:** Le Mur)

Des enfants courent aux rivages! des chevaux courent aux rivages!... un million d'enfants portant leurs cils comme des ombrelles...

(**Éloges**, XVI)

tous les chemins du monde nous mangent dans la main!

(**La gloire des rois:** Chanson du présomptif)

Et à midi, quand l'arbre jujubier fait éclater l'assise des tombeaux, l'homme clôt ses paupières et refraîchit sa nuque dans les âges...

(**Anabase**, VII)

"Les milices du vent sur les sables d'exil..."

(**Exil**, II)

la tristesse soulève son masque de servante.

(**Neiges**, II)

Sinon, c'est tel reflux au désert de l'instant!... l'insanité, soudain, du jour sur la blancheur des routes, et, grandissante vers nos pas, à la mesure d'un tel laps,

L'emphase immense de la mort comme un grand arbre jaune devant nous.

(**Vents**, IV, I)

Et c'est la fin ce soir du très grand vent. La nuit s'évente à d'autres cimes. Et la terre au lointain nous raconte ses mers.

(*Ibid.*, 6)

"ce pur instant de mer qui précède la brise.."

(***Et vous, mers...***, 2)

Tu es la mer elle-même dans son lustre, lorsque midi, ruptile et fort, renverse l'huile de ses lampes...

(*Étroits sont vaisseaux*, 32)

E, a mais de tudo, um sopro lírico intenso, que iriza subtilmente o próprio músculo da épica, velando o ritmo grave e rigoroso da sua voz:

>...*Que ta mère était belle, était pâle*
>*lorsque si grande et lasse, à se pencher,*
>*elle assurait ton lourd chapeau de paille ou de soleil, coiffé d'une double feuille de siguine,*
>*et que, perçant un rêve aux ombres dévoué, l'éclat des mousselines inondait ton sommeil!*
>
>(***Pour fêter une enfance***, IV)
>
>*Enfance, mon amour! c'est le matin, ce sont*
>*des choses douces qui supplient, comme la haine de chanter,*
>*douces comme la honte, qui tremble sur les lèvres, des choses dites de profil,*
>*ô douces, et qui supplient, comme la voix la plus douce du mâle s'il consent à plier son âme rauque vers qui plie...*
>
>(**Éloges**, VI)
>
>*Ah! toute chose vaine au van de la mémoire, ah! toute chose insane aux fifres de l'exil: le pur nautile des eaux libres, le pur mobile de nos songes.*
>*Et les poèmes de la nuit avant l'aurore répudiés, l'aile fossile prise au piège des grandes vêpres d'ambre jaune...*
>*Ah! qu'on brûle, ah! qu'on brûle, à la pointe des sables, tout ce débris de plume, d'ongle, de chevelures peintes et de toiles impures,*
>*Et les poèmes nés d'hier, ah! les poèmes nés un soir à la fourche de l'éclair, il en est comme de la cendre au lait des femmes, trace infime...*
>
>(**Exil**, IV)
>
>*"Midi chante, ô tristesse!... et la merveille est annoncée par ce cri: ô merveille! et ce n'est pas assez d'en rire sous les larmes..."*
>
>(**Exil**, V)
>
>*...Des terres neuves, par là-haut, comme un parfum puissant de grandes femmes mûrissantes,*
>*(...)*
>*Toute la terre aux arbres, par là-haut, dans le balancement de ses plus beaux ombrages, ouvrant sa tresse la plus noire et l'ornement grandiose de sa plume, comme un parfum de chair nubile et forte au lit des plus beaux êtres de ce monde.*
>
>(**Vents**, II, 1)

Qu'ils n'aillent point dire: tristesse..., s'y plaisant — dire: tristesse..., s'y logeant, comme aux ruelles de l'amour.

(**Vents**, III, 5)

Plus vite, pus vite! à ces dernières versions terrestres, à ces dernières coulées de gneiss et de porphyre, jusqu'à cette grève de pépites, jusqu'à la chose elle-même, jaillissante! la mer elle-même jaillissante! hymne de force et de splendeur où l'homme un soir pousse sa bête frissonante,
  La bête blanche, violacée de sueur, et comme assombrie du mal d'être mortelle...

(**Vents**, IV, 2)

"Guide-moi, plaisir, sur les chemins de toute mer; au frémissement de toute brise où s'alerte l'instant, comme l'oiseau vêtu de son vêtement d'ailes... Je vais, je vais un chemin d'ailes, où la tristesse elle-même n'est plus qu'aile... Le beau pays natal est à reconquérir, le beau pays du Roi qu'il n'a revu depuis l'enfance, et sa défense est dans mon chant. Commande, ô fifre, l'action, et cette grâce encore d'un amour qui ne nous mette en mains que les glaives de joie!..."

(***Et vous, mers...***, 6)

Todas as conquistas do simbolismo, do futurismo, do surrealismo, estão aí — e, apesar disso, nenhum dos seus defeitos mais salientes, desde o onanismo verbal, ao isoterismo imagético e ao cadaverismo delirante. Sempre uma poesia lúcida, solerte, activa, reconstruindo e não destruindo, reintegrando e não alienando, vencendo todo o excesso de um Hugo, não pelo vício oposto de uma retracção da palavra ou de uma negação do discurso, mas pela edificação, a um autêntico nível poético, de uma perfeita logística da inteligência e da emoção.

Sem dúvida, uma arte olímpica, exigente, com seu desprezo pela ignorância do século. Sem dúvida, uma arte que nos custa, nos confunde, na sua recusa ao calor fácil quotidiano. Uma arte cruel na sua indiferença histórica, na sua fusão do passado com o presente, do presente com o futuro, do futuro com o eterno, arte demiúrgica e terrível, vexatória e ofensiva para o nosso pequeno brio de seres sensíveis e broncos, ignorantes e ignorados... Mas, por isso mesmo, uma arte de síntese, uma arte de epopeia, uma arte de apoteose, à altura de um Homem continuamente criado, continuamente a criar, continuamente criador, e, por conseguinte, uma arte altiva de elogio à gesta humana e à sua grandeza.

(Publ. em VÉRTICE, 1961, v. 21, n.º 208)

12

SOBRE *FORTE APACHE*, DE JOHN FORD

Reposição de **Forte Apache**, de 1948. Além das características excelentes que fizeram de John Ford um clássico do *Western* — a sobriedade lírica, a composição larga, a reconstituição perfeita —, parece-nos indiscutível o relevo desta obra na "inversão do maniqueísmo" de que falou Delahaye, na medida em que a valorização do índio já se vislumbra explicitamente, em que o índio se oferece já como homem e até um homem mais digno e mais inteligente do que o branco.

O vigor com que o intérprete reproduz as palavas de Cochise, na entrevista com o coronel, não é apenas efeito do próprio vigor de Armendariz: a direcção e a intenção são patentes nesta cena.

E se um certo burguesismo — uma certa descrição cor-de-rosa e benévola — dá ao "ar" de **Forte Apache** um vago tom de apologia (resíduo "maniqueu" do velho *Western* "inocente"), nem por isso a desmistificação do herói clássico deixa de ser menos cruel (recordem-se os complexos de ressentimento, de glorificação, de situação social, da figura do comandante — Henri Fonda), como menos satírica a reconstituição do próprio Forte, com o seu exército de larvados e raquíticos.

Sem dúvida, e apesar de tudo isto, fica de pé um certo elogio guerreiro (tanto do lado branco, de resto, como do índio: inútil ver neste filme uma condenação da guerra em si). Mas já não resulta tão claro que a última cena do filme seja uma revalorização do próprio mito do herói, anteriormente denunciado; mais lúcido será ver nela uma referência à elaboração desse mito pelos contemporâneos do coronel (pela "pedagógica" imprensa do leste, que norteia a opinião pública) e à sua aceitação pelos comparticipantes na derrota comum de

Little Big Horn (que, psicologicamente, dela necessitavam para poderem, sem repulsa, prosseguir na campanha). O que dá uma ironia transcendente a essa mesma e tão ambígua cena final de "apoteose", convertendo-a, depois de tudo o que a precede, numa verdadeira acusação à estupidez e à má-consciência (tanto mais rude quanto, por certo, menos querida). Ao realismo de Ford, e não à sua boa fé, deve este filme a sua íntima nobreza; confirmando-se exemplarmente a ideia de que, ao contrário da mentira, a verdade não precisa que a louvem: precisa apenas que a mostrem.

(Publ. em **Via Latina**, 1960, n.º 132-133)

13

MANKIEWICZ E *BRUSCAMENTE, NO VERÃO PASSADO...*

I

Se os seus primeiros filmes passaram desapercebidos, como simples produtos que pareciam ser de "um artesão inteligente e dotado", já **Carta a três mulheres** "revela uma personalidade criadora autêntica e os elementos característicos de um universo e de um estilo que os filmes subsequentes do seu autor confirmariam" [1]. Desde logo, com efeito, fica patente uma dupla temática: uma temática sócio-crítica (em que Mankiewiez se encontra com toda uma geração em que, aliás, não costuma ser incluído); uma temática psicológica, que sublinha ou contrapontua aquela dimensão sócio-crítica, vindo a suplantá-la mesmo nas suas últimas criações. Assim, depois de se preocupar, naquele filme, com a vida das três protagonistas (particularmente, com a sua vida conjugal), debruça-se, sucessivamente, "sobre vários problemas de uma actualidade social inquietante: o racismo, em **Falsa acusação**, o poder, em **Júlio César** (adaptação da tragédia de Shakespeare), os meios teatrais e cinematográficos, em **Eva** e **A condessa descalça**, respectivamente, a guerra colonial, em **O americano tranquilo**". "Contudo, sempre esses problemas se desdobram noutros, criando-se nos seus filmes como que uma segunda dimensão, uma dimensão interior: a da consciência das personagens" [2]. O "introspector de qualidade", o "analista subtil", de que falou Doniol-Valcroze, a propósito de **Carta a três mulheres** [3], continuou patente na sua obra ulterior, vindo já a

---

[1] e [2] Cfr. programa do Clube de Cinema de Coimbra, 21-11-960.
[3] *All about Mankiewics*, in *Cahiers du Cinéma*, n.º 2.

preponderar na última parte de **A condessa descalça** e sobretudo em **O americano tranquilo**, de harmonia, de resto, com o próprio teor do romance de Graham Greene, em que se inspirara. Porém, se em este último filme (que Mankiewicz, aliás, expressamente reconhece como "muito mau") [1], a temática sócio-crítica é, não apenas subalterna, mas ainda comprometida com manifestas traições ao texto que lhe retiram qualquer autenticidade, não devemos dizer o mesmo de **Bruscamente, no verão passado...**, onde, apesar da importância absorvente do aspecto psicológico (ou do aspecto poético, ou de livre associação analítica, como dirá o próprio autor) [2], se deve a Mankiewicz um alargamento social, embora adjectivo, ou uma explicitação do conteúdo social implícito no drama, que não cremos possa julgar-se despiciendo: a acentuação do "clima" de riqueza abusiva que preside aos *"décors"* da mansão de Mrs. Venable — em contraste com a pobreza fria e nua do manicómio; o ambiente de chantagem financeira que rodeia a pressão da mãe de Sebastian sobre os médicos; o problema profissional do Dr. Cukrowicz, antes da sua conversão em problema amoroso; a situação dos loucos; etc. Se tudo isso interessa à atmosfera da própria história — à sua crueldade, à sua cupidez, à sua exploração — não há dúvida de que essa explicitação de circunstâncias encontrou em Mankiewicz uma sensibilidade social particularmente preparada, uma "fascinação" inconsciente por uma atitude sócio-crítica: ainda e sempre um mundo de alienação cruel e despersonalizante que liga, de modo subterrâneo, este **Suddenly, last summer** a **No way out** e a **All about Eve**. Fascinação, porventura, não tão inconsciente como isso, dadas as últimas declarações do realizador: "Quanto ao futuro, desejo muito regressar ao tipo de comentário social e de sátira que tanto gosto de fazer. Se faço alguma coisa bem, julgo que devo fazer esse bem. O tipo de películas como **Five fingers, A letter to three wives, People will talk e All about Eve**" [3].

II

"Os filmes de Mankiewicz são, em geral, notáveis pela inteligência e pelo rigor psicológico dos argumentos, bem como pelo interesse

---

[1] Cfr. *Putting on the style,* in *Films and Filming,* Jan. 1960.
[2] e [3] Cfr. *Putting on the style* cit..

das personagens, sobretudo femininas. Mas argumentos e personagens são, além disso, servidos por uma "*mise en scène*" ao mesmo tempo precisa e maleável, de uma sobriedade perfeitamente clássica, embora sem rigidez nem frieza, e constantemente eficaz" [1]. "Diálogo espumante, irónico, requintado, abundando, por cima, em situações inteligentes e em partes soberbamente escritas" que fariam as delícias de muitos actores [2]: "Os franceses (confessa Mankiewicz) dizem que eu faço o que eles chamam *le théatre filmé*. Eu escrevo peças para a tela. **Eve** era uma peça. A mesma coisa em **A letter to three wives**. Eu escrevo essencialmente para um público que tanto vem para ouvir como para ver um filme... Isto pesa, decerto, na minha intolerância pelo conceito "bota de elástico" de filme como alguma coisa que é feita em termos de cortes vivos, montagens e sincronizações. Eu penso o filme como um meio para a troca de ideias e para a troca de comentários, tanto como para efeitos puramente visuais" [3]. Daqui um cinema romanesco (já alguém dizia, de um filme que o autor considera falhado — **House of strangers** —, que era "vigoroso, forte, contido, tenso, equivalendo... ao que são, em literatura, os romances de Alberto Moravia") [4], e um cinema sobretudo de "*metteur en scène*", onde "o diálogo tem uma função preponderante e a expressão cinematográfica parece assentar muitas vezes na direcção dos actores " (em que, aliás, Mankiewicz actua de uma maneira excelente). "Mas um cinema *impuro*, teatral e literário como este, tem o grande interesse de provocar a revisão dos conceitos tradicionais da sintaxe cinematográfica, porque, apesar dessa *impureza*, as obras deste autor *comunicam* de maneira irresistível, arrastam o espectador, havendo nelas, quase paradoxalmente, uma espécie de naturalidade e uma necessidade dos processos narrativos utilizados que justificam a frase muito conhecida de Doniol-Valcroze: "Mankiewicz faz cinema como quem respira" [5]. Àcerca de **Bruscamente, no verão passado...**, escreveu Henri Agel: "Há em Mankiewicz um estilo de uma nobreza e de um tacto assinaláveis, estilo que decanta a peça de teatro conservando incólume todo o seu feitiço" [6].

---

[1] Cfr. *Dictionnaire illustré du cinéma*, Col. Seghers, 1962.
[2] e [3] Cfr. *Putting on the style*, cit.
[4] Cfr. Doniol-Valcroze, loc. cit.
[5] Cfr. Programa do *C. C. C.* cit.
[6] *Téléciné*, Dezembro de 1960.

III

Com este título eu ia ao fim do mundo. Mas, apesar das virtudes da realização (da excelente direcção dos actores, do alto nível de alguns — particularmente dessa estranha e genial Katherine Hepburn —, da própria violência do clima, do próprio ritmo da obra), o que sobretudo me perturba são as histórias de Tennessee Williams, desde **A streetcar named Desire** até ao cruel e picaresco **The rose tatoo**. Decerto, o drama atinge nesta peça uma feição patológica que chega ao paroxismo: além do complexo quase incestuoso das relações entre mãe e filho, a violência do sequestro de Cathy, as cenas no hospital de loucos, a contínua atmosfera de crueldade desde a sequência da alimentação da carnívora à revivescência da morte das tartarugas: e, por fim, o cúmulo da morte de Sebastian descrita pela prima, nessa tarde *branca* de Cabeza de Lobos, morte que se processa num clima de vindicta colectiva em que a sensualidade, a anormalidade, a miséria e a loucura, se associam num *crescendo* aterrador e dilacerante. Mais do que em qualquer das outras peças de Williams o ambiente burguês em que a cena se desenvolve — ambiente psiquiátrico, sem dúvida, mas nem por isso menos burguês e menos quotidiano — contrasta intoleravelmente com a atmosfera sentida ou pressentida deste **Sudennly, last summer:** estamos num meio asséptico, cirúrgico (o requinte da lobotomia cerebral!), e, não obstante, entre seres monstruosos, que não encontram qualquer guarida, qualquer catálogo, nas classificações socialmente admissíveis (mesmo nas classificações dos psicóticos, dos pacíficos e burgueses psicóticos violentos). Daí o arrepio que transe toda a plateia, cujo "bom senso" só consegue salvar-se através de um riso vagamente doloroso: o riso de uma sociedade que não pode compreender, que não deve compreender, pois compreender era condenar-se a si própria. Mas, precisamente porque, mais do que em qualquer outra peça, o problema da associabilidade, da intrínseca crueldade, da írrita insolubilidade, de todo o ser de eleição (pois, para Williams, estes é que são os eleitos), acede aqui a um nível quase absurdo, é que **Suddenly, last summer** atinge um plano muito próximo da tragédia grega e consegue deixar-nos, ainda quando o neguemos — e tanto mais subtilmente quanto mais o neguemos —, uma íntima, dura e visceral ressonância.

(Publ. no programa do C. C. Coimbra, 10-12-1962)

14

UMA MENSAGEM DE ESPERANÇA

(A PROPÓSITO DO *D. ROBERTO*, DE ERNESTO DE SOUSA)

Contra uma crítica inesperadamente concertada e exasperadamente derrotista, **Dom Roberto** deu-nos a verdadeira consolação de, ao fim de muito tempo, vermos um filme português (desde, pelo menos, **Aniki-Bobó** e descontando o documentarismo de Manuel de Oliveira). Decerto, não é uma obra impecável nem uma obra complacente — nem para o gosto de um público alienadamente folclorista ou apologista nem (e por inversas razões) de um público *blasé*. É uma obra difícil, saudavelmente austera e, não obstante, enternecida, que custa, apesar dos seus erros, não ver aceite na sua límpida e comovedora qualidade.

Com efeito, o que mais avulta é o tom, o toque, de uma narração que atinge o seu mais alto nível nas sequências centrais da casa em ruínas: uma poesia discretamente chaplinesca e lírica que nunca sacrifica ao *gag*, ao melodrama, ao discurso, a sua lúcida e densa economia interior. A apresentação da casa a Maria, a imaginação das suas "bondades", os avanços e recuos no entusiasmo de João conforme os sentimentos da companheira, e, por fim, o "encontro" dos dois, a vida em comum, a "decoração" em comum — tudo é dado num ritmo e num tom que nos parecem inéditos na filmografia portuguesa e, sem qualquer favor, perfeitamente conseguidos. Pela primeira vez, que nos lembremos, as cenas amorosas não resultam ridículas mas autênticas, graças a uma direcção de actores que, moderando o cómico de Solnado e, todavia, aproveitando a sua magnífica invenção burlesca, o transforma no mais cinematográfico dos nossos comediantes do sonoro (sem esquecermos o João Villaret de **Três espelhos**), e que, descontraindo (desintelectualizando) progressivamente Glicínia Quartim — o que não se conseguira nas intervenções iniciais —, logra obter, finalmente, uma harmonia não fictícia. O uso do plano-sequência ajusta-se de modo feliz a esta toada de "descoberta", onde toda a retórica de montagem resultaria desconforme; não poderemos, por isso mesmo, não lamentar certa utilização do campo-contra-campo com voz em *off* que rompe, por vezes, a discreta melodia da frase fílmica, bem como alguns planos aproximados e grandes-planos menos urgentes e menos cerzidos, e sobretudo o *flash-out* (desculpe-se a ousadia terminológica) da cena entre a prostituta e o *gigolot* que rasga abrupta e ineficazmente a cena lírica entre Maria e João.

Pelo já dito, fácil é compreender que o vício de **Dom Roberto** não está para nós na lentidão do filme — nessas ricas e belas sequências da casa desabitada a que só uma falsa e, de resto, obsoleta concepção da narrativa pode dirigir alguma censura —, mas, inversamente, no ritmo descontínuo da primeira parte da película, prejudicado por deficiências técnicas de ligação que o tornam menos coeso e menos verdadeiro. Isto sem embargo da formosa sequência da captura do cão, e, já antes, da cena no quarto do protagonista (precedida, aliás, de um *plongé* sobre a escada de caracol que nos parece um inútil barroquismo de câmara), onde a *verve* burlesca de Solnado magnificamente se aproveita quer no "tempo morto" da refeição solitária, quer na *cadenza* (em preciso sentido concertista, pois, segundo sabemos, se tratou de uma autêntica improvisação) da sua fala diante da senhoria que o despeja.

No entanto, essa primeira parte do filme, bem como, mais tarde, alguns exteriores que entrecortam as sequências da casa, tem o mérito de nos trazer uma cidade desconhecida — uma árvore estranha, uma ponta de rua, uma nesga de rio — que testemunha uma capacidade documentarística de Ernesto de Sousa que, se aqui resulta, alguma vez, possivelmente gratuita, é sempre, de qualquer forma, saudavelmente criteriosa (nem o folclorismo alienante e "populucho" dos nossos filmes de bairro, nem a inversa tentação de um naturalismo cinicamente cruel). Se o documentário se entrecha perfeitamente na acção e aproveita a "polémica" de um edifício novo-rico em contraste com uma horta de couves temos uma sequência admiravelmente intencional: a do furto da galinha.

Contudo, se mais do que um filme lisboeta (pese à intenção do genérico) este filme é simplesmente humano, não é, como poderia deduzir-se, um filme "psicológico", centrado em João e em Maria e nos problemas dos dois. E aqui é que intervém o microcosmos do pátio, com toda a sua significação convivente, com o imprescindível confronto com os "outros", os seus problemas, as suas dúvidas, as suas esperanças. Dado da maneira contrapontística exigida pela sua função de coro (com tudo o que de dialéctico isso comporta), não podemos deixar de dissentir de um ou outro grande-plano inutilmente individualizador de alguns figurantes completamente episódicos num conjunto que já de si tem de ser secundário (censura que, evidentemente, não abrange o justo relevo concedido aos "corifeus", como é o caso do rufião e do construtor de "automóveis"). Saliente-se, porém, a sóbria composição de todos os intérpretes (com excepção de Costa Ferreira, excessivamente característico), e o firme desenho daquelas figuras do construtor de "automóveis" e do rufião (um jovem com certo ar de *Actor's Studio*), tão verosímeis na circunstância concreta que quase esquecemos o seu peso simbólico no conflito entre o par e os "homens de negro". No que não reside o menor mérito do filme: pôr um problema e uma perspectiva sem diminuir a sua própria altura ou coagir a coerência da narração.

No todo, **Dom Roberto** é uma mensagem de esperança (a analogia entre o final da película e o final de **Tempos modernos** é, não somente uma homenagem, mas um encontro de posições), redigida em termos tão simples e porventura tão ingénuos quanto o exigem a técnica portuguesa e o próprio jeito da sua história. História que não deixa de ser uma denúncia de um problema real — o de uma classe, o de uma época, o de uma sociedade — e de o ver com perfeita lucidez ideológica. A censura de que se escolheu um *out-sider*, um pitoresco, é completamente absurda, porque a profissão existe, está aí, e não é uma película sobre o problema da habitação (ou mais ou menos sobre o problema da habitação) que constitui, com certeza, o elogio do nomadismo; por outro lado, se alguma coisa de alegoria existe no filme, não serão alegorias todos os filmes de Charlot ou o esplêndido **Milagre de Milão?** O que fica é que, com ou sem alegoria, **Dom Roberto** é o filme mais resistente do moderno cinema português — uma resistência, quiçá, à medida desta nossa, continuamente ameaçada e continuamente confiante, com os seus erros e os seus idealismos, mas com o feliz progresso de evitar a retórica (o seu diálogo é quase sempre seguro) e, por isso mesmo, activamente criadora. No que não conta pouco o poder de convicção que lhe advém do próprio acento com que foi escrito, do imenso dom de simpatia humana que ressuma dos seus mais ínfimos pormenores. Dom que, de resto, não se confunde com o dolicodoce (a despeito do *cliché* de alguns momentos do sonho, aliás depois de um magnífico começo e de um encadeado verdadeiramente conseguido), que receia pudicamente todos os excessos e até se previne, talvez em demasia, com uma música voluntariamente distanciante. Falar, por conseguinte, de populismo parece-nos tão injusto como falar de miserabilismo. Outra coisa é falar de uma secreta veia lírica que, sendo de pura cepa lusitana, é dos valores mais universais de que dispomos. Valor que não cremos negativo ou mesmo inútil para a linguagem que reclama o nosso tempo: e a prova está no interesse que o filme despertou em meios desprevenidos da melhor crítica estrangeira — meios que acabam de conferir-lhe, muito justamente, um trofeu de forma nenhuma desprezível na infeliz conjuntura do nosso cinema contemporâneo.

(Publ. em VÉRTICE, 1963, v. 23, n.º 237)

15

ACERCA DE *O LEOPARDO* DE L. VISCONTI

A lucidez incontestável de Visconti sempre me pareceu conter uma certa dose de nostalgia pelos "valores" perimidos — do ponto de vista dessa mesma lucidez e do devir histórico —, nostalgia que em **Rocco e seus irmãos** apaga indiscutivelmente a figura de Ciro, para envolver de prestígio a figura de Rocco, e que na transposição do livro de Lampedusa leva o realizador a ver excessivamente pelos próprios olhos do Príncipe de Salina. Porém, se na história dos irmãos de Luca o estilo dostoiewskiano — acentuado pelo esquematismo da redução cinematográfica — da sucessão das sub-histórias de cada um dos protagonistas permite extrair uma linha dialéctica que conduz a uma patente conclusão (e exprime uma nítida "escolha": o último é mais *válido* do que os primeiros), em **Il Gattopardo** a persistência da "perspectiva" do Príncipe, se não mesmo o seu reforço, na segunda parte do filme — o Príncipe domina, com a sua angústia interior, toda a sequência do baile e sobretudo a última cena da película quando, de joelhos em terra, eleva a mente ao mundo do "estável" — deforma excessivamente o problema da revolução traída.

Por um lado, a burguesia triunfante aparece excessivamente caricatural, como se as mãos finas do *Ancien Régime* fossem mais puras ou inócuas do que as mãos toscas dos burgueses (decerto que são mais decorativas: mas não é pena que Visconti sacrifique tanto aos valores estéticos?). Por outro lado, o mundo dos traídos surge estranhamente pouco, é um som demasiado longínquo, no contexto da narração oferecido ao espectador. Sem dúvida que está "presente" na alusão à batalha de Aspromonte, no troar do fuzilamento ouvido no regresso de carruagem e sobretudo no comentário satisfeito do potentado burguês: "É um magnífico exército!"; mas trata-se de um contraponto demasiado subtil, não conseguindo apagar o tom maior do sofrimento do Príncipe, cantado em *adagio* pelas trompas da melancolia.

Daí que **Il Gattopardo** não me pareça ser um modelo da "indiferença" que o crítico assinala como a primeira condição de uma análise sociológica séria. Valerá a desculpa — para a benevolência com que se desenha a figura de Salina — de ser ele o representante de uma classe "desencantada mas lúcida"? A não ser que a Sicília fosse uma excepção, não cremos que a história credite essa lucidez dos "vencidos". E quanto à "distância" em que se deixam os rebeldes, valerá a explicação da economia da obra (obra, de resto, tão magnificamente perdulária)? De toda a maneira, o que impressiona é a secreta harmonia entre o *tempo* psicológico do Príncipe e o *tempo* crítico do realizador; melhor ainda: é essa estranha simbiose de perspectivas que, se não quer fazer do "leopardo" um demiurgo (que vê, inclusivamente, por cima da "nova classe": que, inclusivamente, deplora o sacrifício dos rebeldes, que quase se avizinha sentimentalmente deles..., apesar de ser o homem do compromisso), faz insensivelmente do realizador um Príncipe *après la lettre* que, se lobriga a traição com a sua inteligência da história, a narra, todavia, com o secreto desencanto de quem perdeu verdadeiramente alguma coisa.

(Publ. em VÉRTICE, 1963, v. 23, n.º 242-43)

16

ACERCA DE *UMA VIDA DIFÍCIL*, DE DINO RISI

Parece-me inexacto, não só contrapor o "burlesco" de Magnozzi ao "sério" das outras figuras da película — como se o realizador tivesse querido diminuí-lo —, mas ainda a desvalorização do tragi-cómico implícita na crítica que anotamos [1] e que esquece o contributo desse tom artístico para o cinema e para a arte mais lúcidos de sempre.

Com efeito, **Una vita difficile** não reserva o burlesco para Alberto Sordi, antes, se bem repararmos, a sátira mais cruel reserva-se invariavelmente para os *outros*: os nazis da cena da continência e do fuzilamento frustrado, os aristocratas do dia do plebiscito, os professores do exame de arquitectura, os burgueses e os turistas da *riviera* italiana, os pequeno-burgueses do enterro da sogra, e, por último, as eminências e as opulências do comendador Bracci. Inversamente, os lampejos de ternura, as palavras de lucidez, estão sempre com o herói: que, evidentemente, "extrapolaria" desse clima cruelmente caricatural se se apresentasse como um *duro*, um sério, um herói de melodrama ou de tragédia grega, e que, portanto, só é verosímil (no contexto da película) como uma figura levemente chaplinesca, *cilindrada* pela engrenagem envolvente, mas, de todo o modo, sadiamente desenvolta, contrapondo a "loucura" dos "pobres de espírito" (em profundo sentido evangélico) à sensatez calculista do dinheiro e do lucro e respondendo-lhe — não já com a sua ira (o que implicaria ainda um certo respeito) — mas com o seu vómito, o seu arroto, a sua náusea.

---

[1] A de Fernando António de Almeida ao mesmo filme, *ibid.*, pág. 630 e segs..

Esta a "moral" que parece de extrair da película da Dino Risi e que se entrecha, de resto, na melhor tradição sócio-crítica, desde um Cervantes a um Voltaire e a um Charles Chaplin. E eu pergunto se, rindo ou não rindo, alguém deixou de sentir nessa resistência *apesar de tudo* uma severa e difícil lição de dignidade.

(Publ. em VÉRTICE, 1963, v. 23, n.º 242-43)

17

GEORGES FRANJU E *OS MUROS DO DESESPERO*

> *"C'est la victime qui m'interèsse toujours..."*
>
> FRANJU

I — UM CINEMA DOCUMENTAL

Considerado "o maior cineasta francês" por certa margem da crítica que não receia o compromisso (v. *Positif*, Julho de 1959, p. 47), e, por outros, como "um cineasta revoltado" que se oferece como modelo contra o cinema gratuito (v. *Premier Plan*, Set. de 1959, p. 23), Georges Franju é, confessadamente, um cineasta sem temas, um realizador a quem qualquer tema serve, o que, à primeira vista, pode parecer um paradoxo, atento esse indiscutido *engagement*. Com efeito, basta percorrer a sua vasta obra de documentarista para descobrirmos uma multiplicidade temática aparentemente desconcertante: Franju preocupa-se com o metropolitano, com os matadouros, com a província, com os Inválidos, com Méliès, com os Curie, com as poeiras, com a marinha mercante, com a pesca do salmão, com os cães vadios, com o teatro de Jean Vilar e com a igreja de Notre-Dame. Toda uma série de assuntos para um cineasta "técnico", ou "lírico", ou "científico", ou "histórico" ou mesmo "apologético" (das glórias bélicas, artísticas ou até religiosas). Se nos lembrarmos da ocasionalidade de certas dessas películas — nomeadamente, de *Poussières*, pedida pela "Sécurité Sociale" —, mais se acentua a impressão da gratuitidade perfeita que, de resto, o próprio Franju vem a confessar, embora justificando-a com a natureza intrínseca da curta-metragem: "Tudo é objecto na curta-metragem, e o que conta, no fundo, é dar estilo a esse objecto" (*Positif*,

1957, 25-27, p. 13). Simplesmente, também na longa-metragem é difícil não reconhecermos um carácter fortuito que parece contrariar a verdadeira determinação de um *autor*: sabemos os termos em que fez *Os muros do desespero* e *Thérèse Desqueyroux*. O que nos leva a pensar que não será tanto da curta-metragem quanto do temperamento de Franju que advém essa disponibilidade ante os problemas ou essa humildade ante os objectos: ou que será o próprio Franju, e quer na curta, quer na longa-metragem, temperamentalmente um documentarista.

II — UM PESSIMISMO ACTIVO

Contudo, essa preferência é já por si um *tema*, uma preocupação, uma intenção. Esse *élan* para o objecto, para a coisa, na sua dureza e opacidade, implica uma escolha (aliás, bem consciente: cfr. *Positif*, últ. loc. cit.): a escolha do *insólito* da vida, do cego, do absurdo, o que está paredes-meias com "o violento, o terno, o poético", que, confessadamente, o apaixona no mundo das coisas: "*Les faits sont violents, tendres et poétiques*" (*Presence du Cinéma*, Junho de 1959, p. 43). Eis, pois, um realismo trágico que envolve uma explícita denúncia das "*lacrima rerum*" — coisas, bichos e homens, enquanto trucidados por uma existência sem mercê. Denúncia que, no social, emerge como uma lúcida crítica, um desejo sadio e activo de renovação ou intervenção: daí a referência às "mutilações" dos operários, no filme sobre a Lorena, ou ao único sobrevivente de Ouradour; daí o problema da silicose no filme sobre as poeiras; daí a presença dos mutilados no **Hotel des Invalides...** Mas que, no material e no animal, se esgota numa interrogação impotente sobre a natureza, sobre a própria vida, sobre o próprio mundo: pois não há *saída* para as reses dos matadouros, para a angústia do salmão ou para o cão apanhado na rede... "Pessimismo activo": reconhecia Franju. O que implica luta, compromisso e acção, sem dúvida nenhuma; mas, nem por isso, menos pessimismo.

III — UM REALISMO ESTÉTICO

Profundamente lúcido e humano, Franju sofre e revolta-se, perfilhando sempre o lado da vítima. Mas é estranho que a vítima continue a ser, em **Os muros do desespero**, um possível louco, alguém, portanto, que, para lá de toda a reforma hospitalar, de toda a evolução cirúrgica, de todo o progresso clínico, sempre é portador de uma associabilidade virtualmente irresolúvel a um nível puramente sociológico. Daí, por certo, o relativo desprezo de Franju pela "nova vaga" psiquiátrica, pelos novos métodos, pelas novas conquistas; daí a sua ideia de que a loucura talvez esteja noutro ponto... O que, de resto, se concilia com a sua paixão por Kafka — o de **O Castelo**, o de **A metamorfose**; — e o que, de resto, explica a evocação, a seu respeito, da obra de um Buñuel; além da sua simpatia pelo "filme negro" (**Luzes sobre o assassino**), bem como por um Lang, um Murnau e todos os expressionistas (**Les yeux sans visage**). *"Quand il voyait un nageur, il peignait un noyé"* — diz ele do autor de **Quai des brumes**, salientando que todo "o cinema adulto" quer pintar "as coisas que estão atrás das coisas" (*Présence du Cinéma*, últ. loc. cit.). O que significa uma transcendência do realismo, um realismo-surrealismo, que alguns designam "realismo insólito" e outros "realismo estético" (opondo-o ao dolicodoce do "realismo poético" francês): mas que verdadeiramente não supõe uma simples posição estilística, como qualquer dessas associações de termos parece dar a entender — supõe verdadeiramente uma atitude humana: a aceitação da ferocidade da existência, do ponto de partida cruel de um mundo absurdo de "afogados". Thérèse Desqueyroux teve o pressentimento disso mesmo (e daí, talvez, a sedução do realizador pela mais bela das personagens de Mauriac): um corpo caído, adormecido, sobre as *landes*, entregue à fome inexorável das formigas...

IV — UM OPTIMISMO DE SÍNTESE

Porém, não menos certo, na obra de Franju, é que o absurdo que ele pinta — desde as reses ao salmão, ao *"mon chien"*, a François e a Thérèse Desqueyroux —, passando pelos metalúrgicos, os silicóticos e os mutilados do *Hotel des Invalides*, é-o numa certa contextura social, num certo mecanismo, numa certa circunstância *construída* por homens. Podíamos dizer que **Le sang des bêtes** como **Mon chien** prefiguram **La tête contre les murs**: e que, por outra via, o grotesco do *"placement familiale"* de Géranne no manicómio se antecipa ao *"noeud de vipères"* da família de Tereza, família entre a qual ela caminha como num bosque de pinheiros incinerados... Em vez de exaurir-se numa caricatura goyesca como o expressionismo alemão e, ainda hoje, um Billy Wilder, o cinema de Franju é um cinema de "*épouvante*", um cinema *negro*, no melhor sentido da expressão, *negro* por causa de uma sociedade *negra*, para excarmento de uma sociedade *negra*. As "glórias" dos Inválidos são o preço dos "inválidos", a beleza de Notre-Dame preço de tanta hipocrisia! À "paz" de um mundo "louco" só é possível opor a "loucura" de uma revolta consciente, revolta que denuncie, como em **Les yeux sans visage**, a mentira de uma civilização que nutre de sacrifícios humanos o autómato de uma cultura fictícia, tão absurda, como na última imagem do filme, a sombra fruste de Edith Scob com uma pomba nas mãos... Como diz o crítico (*Premier Plan* cit, p. 3), "eis um universo humano em que o vesgo aflora, uma realidade mentida pelas instituições, instituições mentidas pelas encenações, encenações mentidas pelos discursos, discursos mentidos por silêncios que são apenas omissões. Uma franja de pesadelo paira sobre este labirinto confuso. Não é preciso juntarmos um guarda-chuva e uma máquina de coser sobre uma mesa de dissecação, para termos um espectáculo surrealista. Porque, muito mais simplesmente, o surreal insere-se por toda a parte em filigrana no que se diz ser a ordem das coisas mas que é apenas a grande desordem das consciências". Daí uma dialéctica coisa-imagem-coisa que pode ser um pessimismo, mas conduz ao optimismo: ou, na palavra exacta de Franju (*Positif*, 1957, p. 19), "conduz à luta, primeiro, e, consequentemente, ao resultado, ou, de outro modo, à felicidade possível ".

(Publ. no programa do C. C. Coimbra, 4-2-1963)

18

DAVID LEAN E *AS FILHAS DO SENHOR HOBSON*

Três preocupações fundamentais nos parecem definir a obra de David Lean ao longo dos seus vinte anos de experiência como realizador: uma preocupação, digamos epopaica, que predominou nos seus dois primeiros filmes — **Sangue, suor e lágrimas** e **Esta nobre raça**, ainda do ciclo da guerra —, em **Barreira sonora**, de 1952, e, segundo cremos, no seu último **Laurence of Arabia**, de 1961; uma preocupação de "comédia de costumes", tão típica do génio inglês, a que podem essencialmente reconduzir-se **Uma mulher do outro mundo**, os dois filmes do seu ciclo Dickens, **Grandes esperanças, As aventuras de Oliver Twist**, e **As filhas do Senhor Hobson**, que apresentamos nesta sessão; e, por último, uma preocupação psicologística ou de dialéctica do comportamento individual que faz a nobreza de **Breve encontro**, o pretexto de **Mais forte do que o amor**, o clima de **Culpada ou inocente** e **Loucura em Veneza**, para ser, finalmente, o único tema válido de **A ponte do rio Kwai**. Claro que qualquer destas preocupações raramente se oferece no seu estado puro, não sendo difícil descortinar uma maior ou menor dose de "costumes" e de psicologismo mesmo nos filmes epopaicos — o que fez a sedução de **Sangue, suor e lágrimas**, por exemplo, para um público a que mais eterneciam os "*flash-backs*" da vida íntima de cada um dos náufragos do que o drama colectivo em que a nação estava em jogo; por outra via, é manifesto que um clima de epopeia, com todos os resíduos maniqueus adjacentes (oposição entre bons e maus, racismo, imperialismo), nos envolve n'**A ponte do rio Kwai**, tornando muito equívoco o libelo pacifista que alguns pretendem aí ver num "*tour de force*" de mais que ingénua benevolência. Contudo, a distinção dessas três linhas da sua obra parece-nos ser verdadeiramente importante, até para situarmos cada uma delas no plano de validade que lhe deve corresponder, ou seja, para definivamente relegarmos para o mundo do menos "vivo" dos seus filmes justamente esssa primeira preocupação epopaica, que teve, sem dúvida, a sua função histórica nos duros anos da luta pela sobrevivência da Inglaterra, mas que já em **Barreira sonora** não supera o simples nível de um heroísmo "oficioso" e n'**A ponte do rio Kwai** só serve para comprometer com uma ambiguidade inoportuna a tese de uma outra e mais intrínseca ambiguidade.

Com efeito, é na linha de uma introspecção subjectiva ou psicológica, casada com uma observação inteligente do mundo quotidiano — na linha, pois, de uma tentativa de síntese da preocupação psicologística e da preocupação de "costumes" — que se surpreende o mais "vivo" da obra de Lean, desde **Breve encontro**, que continua a ser a sua obra-prima, até **As filhas do Senhor Hobson**. Citamos estas duas películas por serem, decerto, dentro dessa obra, as mais exemplares do predomínio, respectivamente, da preocupação introspectiva e da preocupação descritiva, e, ao mesmo tempo, de uma inteligente fusão dessas duas preocupações. O que faz o raro encanto de **Hobson's choice** é, com certeza, o que já particularmente nos tocou nos dois filmes dickensianos: a delicada e fiel reconstituição de uma atmosfera, de um mundo vitoriano e londrino, com os seus tons foscos de ternura e o seu sapiente contra-ponto psicologístico. O que faz a pungência de **Breve encontro** é o problema psicológico situado numa exacta perspectiva envolvente, o lúcido campo-contra-campo, não apenas das pessoas, mas dos dois "tempos" humanos em conflito: o da paixão avassaladora, brusca, dilacerante, que aproxima homem e mulher, e o do mundo sereno e insolúvel das vocações ou relações constituídas que irremediavelmente encaminham o breve encontro para a morte (o matrimónio, a família, a profissão). Um doseamento de psicologismo e realismo que, por esse sóbrio jogo de contrastes, por essa segura dialéctica do "homem em situação", nos leva a sentir o trágico do quotidiano ou o quotidianamente trágico da vida. Algo que em **Loucura em Veneza**, graças à fulgência do "*décor*" e ao "literário" da personagem, já não consegue atingir essa mesma altitude emotiva — ou libertar-nos da impressão de que se trata de um problema burguês e (o que é mais importante) para enternecimento da burguesia...

Porém, se o mais "vivo" na obra de Lean se pode reconduzir a esse doseamento de psicologia e de "costumes", há-de reconhecer-se que o psicológico tende a ter a primazia e, dentro do psicológico, um problema particular que nos parece ser, no fundo, o da ambiguidade do sentimento. Desde **Breve encontro** a **Culpada ou inocente**, a **Loucura em Veneza** e **A ponte do rio Kwai**, o nosso autor tem a obsessão de que tudo é equívoco, de que tudo é insolúvel, e insolúvel — o que é pior — porque o homem se divide entre dois amores (o amor-paixão, o amor-família: **Breve encontro, Loucura em Veneza**) ou entre duas vocações (a vocação da pátria, a vocação da obra: **A ponte do rio Kwai**) ou entre duas imagens de si mesmo (*"guilty"* ou *"not guilty"*: **Culpada ou inocente**). O drama nunca se põe entre um sentimento e uma circunstância, mas entre dois sentimentos ou duas metades de um sentimento. Não é uma dialéctica homem-mundo, mas uma dialéctica homem-homem cerrado inexoravelmente no seu poço individual. Daí que o contra-ponto descritivo ou de observação de costumes tenda a ser uma espécie de *paisagem* na sua obra de psicologia, quer dizer, que o realizador não tenha nunca uma visão verdadeiramente crítica ou verdadeiramente dialéctica do mundo circunstante. O que explicará o escamoteamento sociológico que ele efectua na obra de Dickens — essa "desvitaminização" ou "dessocialização" que converte, como diz Sadoul (*Bianco e Nero*, 1940), um vigoroso libelo contra a burguesia vitoriana num "romance-folhetim admiravelmente ilustrado e fotografado". No fundo, uma incapacidade de pensar *socialmente* que não pode ter outra solução que a do grito hamletiano de **A ponte do rio Kwai**: *"Madness!... Madness!..."*.

Esta tendência "desvitaminizante" ou "dessocializante" parece ter-se acentuado nos seus últimos filmes (e mais perigosamente do que nunca em **A ponte do rio Kwai**, dado o contexto épico a que aludimos e a intenção pseudo-crítica que aparentemente se propõe), pelo que, ao cabo e ao resto, é ainda nas suas películas de mais discretos objectivos — uma simples pintura de "costumes", como **As filhas do Senhor Hobson** — que, exceptuado o raríssimo momento de **Breve encontro**, deve ver-se o mais firme e o mais lúcido da sua obra. Não, com certeza, algo ao nível de um Shaw, ou mesmo de um Dickens verdadeiramente compreendido; porém, decerto, ao nível de Jane Austen. Nem sócio-crítica nem caricatura: um desenho feliz e, por vezes, comovedor, sublinhado, de qualquer modo, por uma inteligência narrativa que é, sem dúvida, um título incontroverso de David Lean.

(Publ. no programa do C. C. Coimbra, de 11-2-1963)

19

UM DESVIO DO NEO-REALISMO PARA UM NEO-FORMALISMO?

Um dos temas mais curiosos que se poderia propor um Cine-Clube seria, em matéria de cinema italiano, o estudo da encruzilhada pré- ou para- ou neo-formalista em que se acharam, à volta de 1957, alguns dos nomes mais significativos desse cinema e do modo como a resolveram nos anos posteriores. Queremos referir-nos ao estranho "encontro" que em 1957 se verificou — e lucidamente denunciou Aristarco, e, depois dele, Renzo Renzi — entre o Fellini de **Noites de Cabiria**, o Visconti de **Noites brancas**, o Castellani de **A morte não é o fim** e o Antonioni de **O grito**. Isso que o lúcido crítico transalpino resumia nas seguintes linhas: "Parece na verdade que o cinema italiano nos seus mais altos expoentes perdeu a 'fresca capacidade de recepção às coisas novas que se projectam no futuro' e que se está voltando, em certo sentido, ao hedonismo caligráfico dos tempos passados". Um risco parecido — dizia ainda — à "maturidade mortal" que buscava Pavese: "a rarefacção do conteúdo numa perícia de soluções formais, de velocidade de linguagem, de situações estilísticas"; e que, a seu ver, tinha de reconduzir-se à desilusão das esperanças do após-guerra: passou o "optimismo eufórico" do imediato após-guerra, e o cinema italiano já não sabe em que sentido é que importa trabalhar: parece que perdeu as certezas de um tempo em que "o obstáculo, a crosta a romper" era "a solidão do homem, de nós e dos outros". No fundo, o desencanto colectivo gerou o solipsismo e este, inevitavelmente, o retorno ao formalismo.

O modo como este *impasse* foi resolvido pelo Fellini de **La dolce vita** e de **Otto e mezza**, pelo Visconti de **Rocco** e de **O Leopardo** e pelo Antonioni de **L'avventura**, **La notte** e **L'eclisse**, está fora de questão neste programa e é de recear que, a não ser para o segundo, dificilmente o avalie o espectador português. Todavia, pelo que sabemos (geralmente de outiva, como é óbvio), essa resolução fez-se em cada um deles por um *aprofundamento* das suas próprias raízes, do seu génio peculiar, no sentido que parecia pessoalmente mais conseguido, mais generoso, de entre as experiências filmográficas antecedentes: não um repúdio, propriamente, do eu e da forma, mas uma superação, uma síntese, da dialéctica homem-mundo (e forma-substância) num horizonte subitamente alargado (se verdadeira ou não verdadeira, é outro problema). Ora, também em Castellani esse aprofundamento seria a única saída para não voltar ao formalismo de **Um tiro de pistola** e de **Zazà**. Simplesmente, o génio do realizador de **Sob o céu de Roma** não era, como sentiu desde cedo Chiarini, o génio da profundidade, mas, ao invés, o da superficialidade: o neo-realismo só o roçou de perfil, não chegou a constituir para ele um verdadeiro empenho ético, e, se os problemas do após-guerra tocaram o realizador, foi mais como *faits divers* de uma actualidade perturbante do que como raiz de uma tomada de consciência. Daí que **Sob o céu de Roma** fosse antes um naturalismo do que um realismo, e, à medida que os anos correm e as desilusões se acentuam, Castellani regresse insensivelmente às preocupações estilísticas dos seus filmes iniciais. Certo, um formalismo habilmente *travesti*, que se enroupa, de início, de uma inteligente e benévola mitificação da juventude — o caso de **Primavera** e **Dez reis de esperança**, onde a delicadeza mozartiana do estilo parecia a forma própria do "sorriso" do assunto, conseguindo, desse modo, uma aparência de coesão, — mas que, vindo o "sorriso" a perder-se e o mito a desagregar-se, se trai nas "experiências" de **Romeu e Julieta** e no desencanto solipsista de **A morte não é o fim**.

  As grades do inferno é a reacção envergonhada contra esse formalismo insidioso em quem não possui outra substância sociológica ou psicológica: se o "sorriso" morreu, o único aprofundamento é o do "esgar" ou o da "caricatura" mais ou menos cruel. O melodrama naturalista, em resumo, mas tratado por quem não desiste de encontrar alguma esperança e não sabe ou não pode descobri-la mais fundo (por alguém que, à míngua de fundo, nunca soube ou não pôde atingir outra "consciência"). Donde um providencialismo gratuito e um dramatismo sem raízes e que, mais do que em outro realizador, parecem confirmar o prognóstico de Aristarco: "Talvez seja a altura, para o cinema italiano, do capítulo que poderia intitular-se *De Balzac (ou Stendhal) a Chateaubriand...*".

(Publ. no programa do C. C. Coimbra, de 21-11-1963)

20

OS MELHORES ANOS DA NOSSA VIDA, DE WILLIAM WYLER

Para um espectador desatento, a reposição de **Os melhores anos da nossa vida**, de William Wyler, parece ser uma coisa inútil, a desinumação de uma velharia que nada tem a ver com a moderna estilística do cinema e muito pouco com a temática do nosso tempo. A amarga denúncia que se desprende desta história do após-guerra, sem o recurso a qualquer pedantismo ou cultismo (ia a dizer "ocultismo", lembrado das sibilinas nigromâncias em que tendem a cair certos lúcidos espíritos, como Resnais e Antonioni — para não falar de Losey e, evidentemente, de Bergman), essa neutra exposição sem nenhuma crueza buñueliana e nenhuma ironia fordiana e, além disso, como tem de reconhecer-se, sem o calor meridional do neo-realismo primitivo que, a despeito da "insuficiência" da técnica, ainda concita adesões à reposição de um **Humberto D** — vem a parecer a muitos insípida e morna, incapaz de possuir verdadeira projecção em cérebros trabalhados pela moderna literatura ou pelo "mistério (decerto nada "metafísico") da psicologia reificada e da dialéctica dos sentimentos. Por outra via, a aparente "ausência de direcção" que faz de Wyler, no dizer de Bazin, o "jansenista da *mise-en-scène*" — ausência que, para falar dos mais afins, embora por motivos diferentes, o opõe, não apenas à ênfase de um Welles, como ao "jansenismo" — de muito diverso teor — de Robert Bresson ("jansenismo", não por "defeito", mas por "excesso", não por anulação do *metteur-en-scène*, mas por afirmação quase tirânica do mesmo: os intérpretes que o digam) — não lhe confere sequer o interesse de um carácter insólito, de um temperamento, de um "estilo", como se usa escrever, virtude a que hoje, por uma curiosa regressão, tende a atribuir-se uma muito viva importância. Uma história comum e um "estilo sem estilo" — eis dois crimes sem desculpa para certa sensibilidade moderna, posto "realista" e "anti-esteticista" (mas muito mais sensacionalista e formalista).

E, contudo, **Os melhores anos da nossa vida** são, não apenas o ponto mais alto da "reconversão" do após-guerra, como sabe qualquer leitor de Sadoul e, apesar do *happy end*, um testemunho de flagrante actualidade e perenidade — o das "desilusões dos soldados perdidos", para evocarmos um título recente —, como, no plano estilístico, uma das mais puras obras de cinema, na expressão de Bazin ou, para quem não goste de Bazin, um dos mais puros exemplos da aplicação de uma técnica que "constitui, talvez, para a sétima arte, a conquista suprema da sua autonomia" (M. Martin). Queremos referir-nos à profundidade de campo, que, sem ser propriamente uma descoberta de Wyler (remonta a Louis Lumière) nem um exclusivo dos seu filmes mesmo na epoca de 40 (recorde-se **Citizen Kane**), nunca se apresentou como n'**Os melhores anos da nossa vida** tão sistematicamente aplicada nos seus mais lídimos recursos.

À sombra ainda do espírito de Ialta, os cineastas da "reconversão" americana puderam, no entretempo que precedeu a "guerra-fria", trazer ao cinema de Hollywood a força de um mundo que retoma, por um momento, a linha perdida de **Intolerance** e de **Scarface**. Tratava-se, intencionalmente, de um retorno ao realismo, idêntico ao que ocorria na Europa (particularmente na Itália) e que não deixava de partir de uma consciência comum, como Wyler reconhece: "Participámos todos na guerra — dizia ele, referindo-se a si, a Capra e a Stevens — e a guerra teve em cada um de nós uma influência profunda. Sem esta experiência, eu nunca teria feito o meu filme como fiz. Aprendemos a compreender o mundo melhor... Sei que George Stevens não é o mesmo desde que viu os cadáveres de Dachau. Somos forçados a verificar que Hollywood de nenhuma maneira reflecte o mundo e o tempo em que vivemos". Explicitamente, **The best years of our lives** integra-se, pois, numa experiência pessoal da guerra e na consciência mais aguda que daí derivou. E se essa lufada de realismo não tarda a perder-se na bonomia cor-de-rosa de **Do céu caiu uma estrela**, de Frank Capra (incapaz de prosseguir a experiência de **Why do we fight**?), e, finalmente, a dissolver-se na "caça às feiticeiras" do famigerado senador, não resta dúvida de que **Os melhores anos da nossa vida** são uma obra de realismo sério e não raro corajoso que, tirando o proscrito **The salt of the erth**, só em poucos filmes mais recentes (como **A cruz da minha vida**, de Delbert Mann) encontrou, de algum modo, uma autêntica réplica (e, mesmo assim, com um tema "inofensivo").

A readaptação dos "soldados perdidos" — Al, Fred e Holmer, sendo este um inválido de guerra — numa sociedade "alheia" ao ciclone e absorvida pela conquista do bem-estar quotidiano, era, de resto, um tema que não podia deixar de seduzir um realizador interessado, havia muito, pelos temas de psicologia sobre fundo sociológico: pelo contraponto entre o indivíduo e a circunstância em que socialmente se inscreve. Daí o cuidado extremo com que relata as vicissitudes dos vários mitos forjados pela propaganda — a igualdade e a fraternidade descobertas no *front*; a gratidão de "todo um povo", orgulhoso de seus filhos; a sincera coesão em volta das grandes ideias; as promessas repetidas de um mundo mais justo —, tudo o que "por que combatemos" e que vai sendo pouco a pouco desfeito na erosão dos interesses que continuam, das diferenças que subsistem, dos egoísmos que permanecem, das convenções que não desarmam. Além das traições domésticas, o *je m'en fichisme* de quase todos; e a "guerra-fria" que já se esboça, como na disputa entre o cliente e o piloto convertido em *barman*: " Enganastes-vos na guerra. A verdadeira guerra, será preciso fazê-la, e sem demora, contra os vermelhos...". O murro que salda esta disputa é a revolta legítima contra um tempo que, mau grado o "degelo" Kennedy, está longe, ainda hoje, de desistir (recordemo-nos de Dallas). E não é das coisas menos válidas deste filme — a mesma que nos comove a uma reposição de **Casablanca** — essa sadia desafronta do insulto lançado contra a comunhão combatente (não, decerto, ao nível dos políticos, mas ao nível dos lúcidos e dos simples), a comunhão que se gerou na guerra e que exigia uma paz em comum... Optimismo porventura ingénuo (sê-lo-ia, ou seria uma "esperança" desesperada que igualmente explicaria o *happy end* da película?), mas que não deixa de ser positivo e urgente, de ser uma lição para hoje, sobretudo se acompanhada, como no final do filme, daquela reflexão angustiosa sobre o vazio da guerra — aquele cemitério de bombardeiros inservíveis que se juntam em fila como insepultos dinossáuros.

Para tudo isto usou Wyler de um estilo a que convém aludir agora porque sem ele o seu filme não seria o que é: essa obra densa e profunda que se grava no espectador como uma epopeia do desencanto. Sem entrarmos nas opções entre cinema de montagem e o cinema do plano-sequência e sem ligarmos a este os *a priori* "metafísicos" que Gozlan censura a Bazin (com muito de *parti pris*, segundo também nos parece), temos de reconhecer que o progresso da fotografia, permitindo uma completa nitidez da película, possibilitou, com Renoir e sobretudo com Welles, uma verdadeira revolução estética (embora o método, como se disse, não fosse novo e tivesse sido correntemente utilizado ainda antes da divulgação da "montagem curta") e que essa revolução contribuiu para um reforço do realismo no cinema e, principalmente, para o seu "efeito de distanciação" em sentido brechtiano (oposto à "empatia" do espectador, isto é, à sua identificação, não tanto com o herói, como com o ponto de vista do autor ou encenador). Ora em poucos casos — ou talvez em nenhum — a profundidade de campo foi assimilada tão inteiramente como pelo Wyler de **Os melhores anos da nossa vida** — por esse "realismo tão simples quanto possível" que ele decidiu com o operador Gregg Toland e em que a técnica deste encontrou o homem asado para a levar até ao fim: para a usar, não apenas marginalmente ou auxiliarmente como Renoir ou Welles, mas para a erguer verdadeiramente a uma autêntica linguagem.

Com efeito, o realizador que, em **Víbora**, soubera, não somente "iludir" a unidade de lugar, mas manter, na cena-*clou*, uma câmara imóvel e extrair daí uma dramaticidade arripiante — pelo simples enquadramento e pela direcção dos intérpretes —, era um homem suficientemente rico para não precisar de outros meios que a fluência da imagem, para não precisar de "forçar" a imagem a qualquer intuito ulterior, como acontecia a Orson Welles (nas suas deformações da realidade externa ou acentuações da realidade interna: recorde-se o longo plano de espelhos em **Citizen Kane**, ou a sala do castelo onde Mrs. Kane faz o *puzzle*), para lhe conceder, em suma, toda a sua força de exposição e de espontânea dramatização. Assim pôde descobrir-se Wyler na profundidade de campo, descobrir aí a sua linguagem genuína, tornando-se o seu realizador por excelência e construindo com ela todo o seu próprio estilo. Estilo que intensifica (*et por cause...*) os aspectos intrínsecos da *mise-en-scène*: a composição da imagem, a direcção dos actores, a movimentação dos mesmos, o jogo fisionómico (sobretudo o olhar), etc.; mas que até aí se recusa a recorrer a ingredientes dramatizantes que destruam a "neutralidade" da imagem — as massas de luz, como, por exemplo, Orson Welles —, sacrificando-a a tudo o que pareça uma intrusão ou interferência no realismo "espontâneo" da imagem como tal.

Esta "neutralização" ou "desdramatização " (que Bresson estenderá um dia à própria voz, mas com um sentido negativo que é, por contraste, mais orgulhoso) contém deste modo, uma valorização eminente da realidade objectiva e, conquanto possa não ser mais "verdadeira" do que a "montagem curta", é, decerto, uma dimensão mais natural ou mais total de aproximação dessa realidade (ou pelo menos, da sua não escamoteação). Nesse sentido a profundidade de campo é qualificadamente realista, não sendo surpreendente que o neo-realismo italiano (como, hoje em dia, o realismo britânico) a utilizem de maneira abundante. Por outro lado, é indiscutível que a neutralidade deste "cinema-escrita", colocando o espectador ante a "verdade" total, não o dirigindo, não se lhe impondo (ou impondo-se-lhe de outra maneira), facilita a sua escolha e, por conseguinte, a sua distanciação, libertando-o da tirania das "salas escuras". Com o que estamos nos antípodas da *Phantansienmachine*, não sendo pequeno mérito de Wyler ter contribuído amplamente para este progresso do cinema. Cinema frio, desanimizado? — perguntarão os filisteus. Mas o cinema tem alma — responde Morin: *Il en déborde, il en bave, dans la mesure où l'esthètique du sentiment devient l'esthètique du sentiment vague, dans la mesure où l'âme cesse d'être exaltation et épanouissement pour devenir jardin clos des complaisances interieures. Amour, passion, emotion, coeur: le cinéma comme notre monde en est tout visqueux et lacrymal. Que d'âme! Que d'âme! On comprend la réaction qui s'est dessinée contre la projection-identification grossière, l'âme dègoulinante, dans le théâtre avec Berthold Brecht, dans le filme, sous des formes diverses, avec Eisenstein, Wyler, Welles, Bresson, etc.*

(Publ. no programa do C. C. Coimbra, de 5-4-1964)

21

O ÚLTIMO ANO EM MARIENBAD, DE ALAIN RESNAIS

"LE TEMPS DE L'OUBLI..."

Falar de um autor de que apenas se viram duas curtas e uma longa metragem (**Van Gogh**, **Toute la mémoire du monde** e **O último ano em Marienbad**), quando a sua filmografia conta mais cinco filmes de primeiro género e mais dois do segundo — e alguns tão significativos, quer como estilo, quer como "presença", como **Les statues meurent aussi** e **Nuit et Brouillard** para aqueles e **Hiroshima mon amour** e **Muriel** para estes —, falar de um autor nestas condições é, convenhamos, um dos não poucos absurdos a que obriga uma distribuição como a portuguesa, que não só nos priva do conhecimento de criações de alto nível artístico, como de inserir devidamente as raras que nos faculta na linha de uma correcta integração cultural. Neste clima de analfabetismo inculposo — tanto mais grave quanto se não limita a Resnais, mas se estende a toda a actual filmografia (mesmo que seja da França: o que vimos de Chris Marker, de Jean Rouch, de Gatti, de Robert Enrico?; o que não vimos de Malle, de Truffaut, de Vadim, de Varda, de Godard, de Chabrol? — para já não nos determos num Bresson primitivo que se ignora em absoluto — **Les anges du pêché**, **Les dames du Bois de Boulogne** — ou de um último Bresson que se mantém na prateleira — **Le procès de Jeanne d'Arc**; para não nos referirmos ao Becker de **Le trou**, ao Autant-Lara de **Tu ne tueras point**, ao Renoir de **Une partie de campagne**, etc. — seja qual for o alcance destes nomes e destas obras...), nesta atmosfera de tão nítido subdesenvolvimento pergunto como será possível ver na medida justa um filme que decorre de toda uma longa gestação e contra-gestação interna (interna ao artista que o concebeu) e de uma não menos longa repercussão externa dos mais vários estilos e das mais várias procedências Uma posição de censura ou de elogio a respeito de **Marienbad** tem assim, entre nós, um sabor gratuito, para não dizermos pedante — nem que nos louvemos nas opiniões de um Aristarco ou de um Egly e nos remetamos a todas as nossas adesões (ou prevenções) sobre Robe-Grillet e a fenomenologia husserliana...

O *metier* do crítico (?) em condições como estas roça, por conseguinte, pela inconsciência ou, pelo menos, pela má-consciência. Se procura suprir as suas lacunas com o que pode ler (e mesmo isso...), sabe, no entanto, que o cinema não se conhece senão *vendo*, e que tudo o que diga sobre técnica, sobre estilo, sobre linguagem — e, noutro plano, sobre significação ideológica, sobre integração (ou desintegração) no seio da vida e da cultura — é tristemente e irremediavelmente hipotético, em face do "possível" do que não viu ou experimentou. É, pois, com um sentido agudo dos limites que ensaiamos estas razões (?) sobre o penúltimo filme de Resnais — filme que moveu, em geral, tanta polémica e entre nós (*et por cause...*) tanta irreflectida confusão. Humildemente declaramos que não é nosso intuito forjar unanimidades (e que obra alguma, se não morta, as suscita?), mas tentar apenas distinguir o trigo do joio — e quer do joio das adesões "características" (toda essa sórdida apologia da "arte pura", do "cinema puro" — oh! manes de Bazin!...), quer a cizânia, entre nós comum, das rejeições mais grosseiras (toda uma "teoria" da forma, da alienação, da distanciação, etc.).

O último ano em Marienbad não surgiu, como é óbvio, sem uma experiência anterior — do próprio Resnais e do mundo envolvente —, experiência que mergulha as suas mais directas raízes no cinema francês de entre 50 e 60 e também nas obcessões e ideossincrasias de certo degelo ideológico.

Dissemos cinema francês de entre 50 e 60, e não "nova vaga", porque, ainda que participe temporalmente — ao menos nos grandes filmes — nessa onda heterogénea (e, por isso, na deliberada reacção contra o *récit* tradicional que será, ao que parece, o seu traço comum), Resnais transcende-a, quer na dignidade do modo, quer, e sobretudo, na fidelidade a um apelo que lhe vem de mais longe e tem outra direcção. Ao invés desses jovens apressados, ávidos de êxito como poetas imberbes, a que tanto deve o amadorismo que censura Daquim, Resnais é um realizador de "carreira", com a necessária tarimba da pequena metragem e até da montagem (assim na **Pointe courte** de Varda), num longo esforço de onze anos, que são os que distam de **Van Gogh** a **Hiroshima mon amour**. Daí, talvez, este sentido do "bem feito", este brio de artífice (na acepção valeryana), esta discreta manualidade que é o contrapolo da intelectualidade fútil e pequeno-burguesa dos que vieram da "crítica" — dessa *inteligentzia* dos "Cahiers" onde germinaram os Truffaut, os Chabrol, os Godard e os Doniol-Valcroze —, sem que recuse, bem ao invés, o gosto de uma pesquisa contínua que, se não tivesse por si a *evidence* de uma obra, se exprimiria eloquentemente nesta sua confissão: "Para que um filme me interesse, importa que tenha um lado experimental..."

Nesta sua predilecção mais pelo técnico do que pelo teórico enraiza uma modéstia que o torna humilde ante a experiência anterior — a sua confessa "influência" de Renoir e de Griffith, as suas "cicatrizes" de Eisenstein, de Welles, de Visconti, de Antonioni, de Cocteau, de Buñuel e até de Hitchcock, — bem como aberto à lição dos outros ("vejo... 80 a 100 filmes por ano"), bem como vigilante às sugestões dos críticos ("leio muito atentamente os críticos"), bem como sensível ao público e às reacções do mesmo público ("há uma perpétua interacção..."). E, principalmente, esse raro gosto pelo trabalho comum — ora utilizando Eluard em **Guernica** e Queneau em **Le chant du Styrène**, ora colaborando com Chris Marker em **Les statues meurent aussi** e com Cayrol em **Nuit et Brouillard**, ora "servindo" os textos de Duras em **Hiroshima** e de Robe-Grillet em **Marienbad** —, para não insistirmos na sua límpida gratidão ao que deve a muitos mais — à música de Kurt Weill, por exemplo, em **Toute la memoire du monde** —, na sua não repugnância pelas encomendas, no seu sentido das autolimitações ("não teria as necessárias qualidades de imaginação", diz sobre um possível **Alice no País das maravilhas**), no seu não ciume pela literatura ("creio que fazer um livro é muito mais difícil") e, sobretudo, na sua negação a todo o orgulho de "autor", a uma "torre de marfim" que não é só do último século: "Será que julgo que sou o autor dos meus filmes? Não; o que julgo, com certeza, é que o problema não me interessa".

Eis uma altura e um brio que iniludivelmente o distinguem do "*panache* dos mosqueteiros", como diz Michel Mesnil, e o aproxima, sem dúvida, da raça dos "rigorosos" e dos "autênticos" em que Antonioni por excelência situa Robert Bresson. Nome que não vem aqui ao acaso porque, se a "nova vaga", apesar de tudo, se louva em Alain

Resnais — e com ele, com Jean Rouch, com Agnès Varda, com Chris Marker, conseguiu fazer do "jovem cinema" francês uma realidade, digamos, não apenas mercantil —, é na medida em que assimilou uma vocação de pesquisa, de despojamento, de rigor, que Bresson exemplifica como nenhum e que porventura impedirá que certos "anti-académicos" de hoje se transformem (ou nem isso) nos "académicos" de amanhã: que porventura os livrará do maneirismo pretensioso e degradante já tão sensível actualmente em muitos produtos da "nova vaga" — mesmo que tão lestos em farejar os ventos da moda, tão "*parfaitement dans le vent*", como diz ironicamente Baroncelli de **Une femme mariée** de Jean-Luc Godard). Pois não basta destruir a técnica narrativa e, em consequência, dar um novo valor à imagem: há sempre o risco de se cair em L'Herbier. Só com uma procura que não seja apenas destruição e estilização (com tudo o que isso implica de cadaverismo e preciosismo), que seja procura de mais e melhor criação autêntica — ao nível do homem e até *à frente* do homem (ao nível, isto é, de um homem mais rico e mais longe) —, só, em suma, com um renovo das formas necessitado por um novo conteúdo, por uma nova adequação a uma nova situação, é que verdadeiramente o estilo é um problema real, e não uma fuga ou uma alienação pessoal.

O mesmo se diga, em outro (?) plano, do degelo ideológico que condiciona — tanto como os problemas estilísticos — o cinema de Resnais e, particularmente, **Marienbad**: dessa preocupação pelas contradições interiores que marca certo cinema *engagé* contemporâneo — e, obviamente, certa literatura —, numa como que reacção, ou libertação, dos esquemas do primeiro neo-realismo, e que o faz, de algum modo, frequentemente mais "mítico" do que um cinema que não se pretende *engagé*. Confronte-se a curva de um Rossellini desde **Roma cidade aberta** até **Viagem em Itália**, ou de um Visconti desde **La terra trema** até **Noites brancas**, ou de um Castellani desde **Sotto il sole di Roma** até **A morte não é o fim**, ou de um Lattuada desde **Il molino del Po** até **Guendalina**, ou de um Antonioni desde **Cronaca di un'amore** até **L'avventura**, **A noite** e **O eclipse**, com a curva, por exemplo, de um Federico Fellini desde **A estrada** até **La dolce vita** e **Oito e meio**; para já não falarmos dos exemplos de um Autant-Lara, de um Losey, de um Franju, de um Zurlini, mesmo de um Wadja, etc. (sem dúvida que essas curvas foram, por vezes, breves interlúdios — o caso de Visconti —, ou permitiram notáveis recuperações — o caso de Rossellini: mas serão, todavia, identicamente realistas obras como

Vanina Vanini ou **O leopardo** e obras como **Païsa** ou como **Ossessione**?). De toda a maneira, sentiu-se, em certo momento (e julgamos que tanto com o célebre congresso como, antes dele, com um esquecido estudo sobre a "linguagem"), que a dialéctica de relação se não esgota a níveis objectivos, que também se exerce em níveis subjectivos ou inter-subjectivos, causados, decerto, mas, por seu turno, causantes, e susceptíveis de desfasamentos em ordem à sua infra-estrutura.

Todo o problema da "autonomia" do *Überbau*, para falarmos sem perífrases, e que, se nalguns meios ortodoxos, frequentemente se esquecera, sendo, como era, subitamente encarecido, dava um súbito rosto aos velhos problemas do amor e da morte, da comunicação e da situação. Ora numa cultura como a francesa — nunca totalmente liberta do naturalismo, do surrealismo e do moralismo, etc. (ou, para evocarmos Lukacs, nunca totalmente liberta dessa perigosa aliança de uma ética de esquerda com uma epistemologia de direita), natural foi que o degelo tivesse um eco muito mais especioso: não, decerto, tão brusco quanto na escola italiana — nenhum caso tão nítido, mesmo hoje, como o de Antonioni —, mas, e até por isso, mais difuso, mais profuso, mais "fisiológico". Perdida, com a guerra da Argélia e todos os seus compromissos, a sensibilidade aos dramas da época, a má-consciência da *avant-garde* recebeu-o, inclusivamente, com um certo conforto, feliz de se sentir justificada na sua pesquisa das *liaisons dangereuses*, das *amitiés particulières* e, sobretudo, no *voyeurisme* da literatura objectal. Porque, entretanto, surgira o *"nouveau roman"* — último grito de um *"sein zum Tode"* redimido com Sartre da traição de 33, compreendido com Camus na sua ética das "opções", e benzido com Garaudy (e, recentemente, com Goldmann) como incluindo *qua tale* alguns dos escritores mais realistas ("mais radicalmente realistas" — Sarraute e Robe-Grillet!) de toda a vasta literatura do seu país e do seu tempo.

O asserto de Godard — *"la morale est affaire de travellings"* — descobre-se estranhamente progressivo com esta bênção dada a uma estética que assim se define pela boca do seu último teórico: *"Le monde, saisi par le livre, en constituant le livre, se constitue lui-même..."*. O que não chega, todavia, para nos tranquilizarmos, mesmo existencialmente: *"Une oeuvre dont le thème central est celui de la mort en marche"* — como diz ainda Ludovic Janvier de Claude Simon — recorda-nos esse *"nach dem Wesen des Seins Wiederkehren"* que, no célebre discurso de Heidegger em Leipzig, era o "não se fechar ao terror " e à lei de Adolfo Hitler.

Estes os riscos das inspirações de Alain Resnais, que, sobretudo em **O último ano em Marienbad**, parece tê-los ouvido com excessiva complacência, na opinião de alguns críticos e nem sempre os menos benévolos (de um Egly, inclusive, que é francamente elogioso). Inspiração para um renovo estilístico e para uma abertura aos problemas do homem total — também, pois, da afeição, da comunicação, da solidão, etc. Risco de uma pura pesquisa formalística que estranhamente se encontra com a reificação ontológica (o "mar da objectividade" a que alude Calvino), ou seja, com uma ética da desintegração que tende para a aniquilação — ou, pelo menos, o demissionismo, o conformismo, o mercenarismo... e o paraquedismo.

Será que chegou até aqui o autor de **Guernica** e de **Les statues meurent aussi**, proibido pela própria censura francesa, pela sua implícita desvalorização dos centuriões e do império? Será que chegou até aqui o autor desse inesquecível **Nuit et brouillard**, que é ainda hoje a mais pungente e a mais lúcida denúncia do "*Nacht und Nebel*" das grandes ordens hitlerianas? Será que **Marienbad** (Aristarco diz que o próprio **Hiroshima mon mour...**) é o perfeito modelo do novo "estilo" De Gaulle, como escreveu Jean Conilh numa nota inclemente — menos inclemente agora que a do mesmo Guido Aristarco, que, piedosamente, devolve para Alain Robe-Grillet esta imprevista traição de um companheiro e de um *clerc*?

Nesse "estilo" De Gaulle incriminam-se, como é óbvio, a forma e o fundo, para falarmos em termos de tradição, pois se desvaloriza quer o tema da obra — uma intriga que, além de mítica, é inconsistente —, quer os meios da mesma: uma câmara alheia e geométrica, meticulosa e redundante, que para Aristarco compendia todos os *tics* do *voyeurisme*, do "monólogo exterior" e, em último termo, do cinema como arte decorativa, ou ainda pior, da "arte pela arte".

O que impressiona é essa arquitectura anónima e equívoca, onde nada se sabe das pessoas, onde nada se conhece do antes ou após, desse hotel (ou clínica? ou prisão?) "onde o tempo está como que abolido", e onde um vago **X** tenta oferecer a uma vaga **A** a coisa absurda, não apenas de um tempo, mas de um destino e até de um amor. "É o desconhecido **X** um sedutor banal? É um louco? Confunde simplesmente dois rostos? A jovem mulher, **A**, começa por tomar a coisa em brincadeira, uma brincadeira como outra qualquer, como quem só busca divertir-se. Mas **X** não ri. Obstinado, grave, fala de uma história passada que pouco a pouco se desvenda: insiste, traz provas. E ela, como contra-vontade, perde terreno. Tem medo, torna-se rígida, não quer abandonar aquele lugar falso e seguro a que se habituou, junto de outro homem, **M**, terno e distante, que vela por ela (é talvez seu marido?). A história que o desconhecido lhe conta, toma, contudo, sempre mais força e coerência, torna-se sempre mais presente e verdadeira. O presente e o "passado" acabam por confundir-se, enquanto a tensão cresce nas três "personagens", criando na mulher fantasmas de tragédia: violações, assassínios, suicídios. Mas imprevistamente **A** vai ceder: já cedera, com efeito, havia certo tempo. Depois de uma última tentativa para se subtrair ainda, de uma última possibilidade que oferece ao seu guardião de readquirir a sua posse, parece que aceita ser aquela que **X** deseja e segue-o para qualquer coisa de inominável, para qualquer coisa de diferente: o amor? a poesia? a liberdade? a morte?".

O que o crítico não perdoa, além da misantropia da ideia, é a própria inconsistência desta enorme inconsistência, o poder *isto* nem ser isto: nem ser **X** desconhecido de **A**, nem ser **X** desconhecido de **M**, nem a história ser uma história (ou "a história de uma persuasão", como anunciou Robe-Grillet), mas ser porventura uma ficção (na cabeça de **A**, ou na cabeça de **X**, ou na cabeça de **M**), talvez a história de um desejo, talvez do próprio espectador. Pois a câmara nada ajuda — "tudo está apenas *ali*" (diz, recordando o *Dasein* heideggeriano ou a "redução eidética" de Husserl); e nem sempre *ali*, porque subtis nuances alteram os enquadramentos (os "mesmos" enquadramentos); e nem se sabe *se ali*, porque as personagens se corrigem de acordo com as hipóteses; e nem talvez nas hipóteses, porque estas talvez o não sejam — e sejam sonhos, ou delírios, ou... simplesmente recordações. E se a câmara não ajuda, a banda sonora ainda menos: a dessincronia imagem-som; a toada onírica, ou neutra, ou ardente, da própria voz; a ironia da música e os súbitos silêncios, misturados, por vezes, de uma tão exacta e realista percepção dos ruídos (os passos na areia, os tiros de pistola); tudo contribui ainda mais para a incomodidade do espectador — ao mesmo nível dos figurinos (1930?), da geografia (Marienbad? Fredericksbad? "*peu importe...*"), e até dessa estranha fusão ou confusão com a peça anónima do começo, que não se sabe se imita o futuro ou se o futuro é que a imita (ou que a sugere, ou que a anuncia, numa como que antecipada destruição da *suspense*). Para já não falarmos no jogo sempre insólito do campo-contra-campo, do plano fixo, do plano sequência, dos espaços que se interpenetram, dos tempos que se entrecruzam, como se nada tivesse importância ou tudo a mesma importância; ou, como dizem os autores, "um largo uso dos já clássicos elementos do nosso mundo mental moderno: a representação das séries não causais, as representações com variantes, a materialização do imaginário, a actualização do passado ou do futuro, e a interpenetração dos tempos em geral".

O espectador agita-se na cadeira e não perdoa todo este *ininteligível*, todo este continuamente frustá-lo, todo este exigir-lhe uma contínua atenção, todo este prender e desprender de uma "pele de vivências" que todavia o enleia e extremamente o perturba. O perturba e o "fascina" — nem Aristarco foge ao termo — porque, não obstante, há ali um rigor, uma economia, uma adequação do meio ao fim, que são o inverso do formalismo ou de qualquer cadaverismo. Decerto, não a lógica comum, mas será que a epistemologia vem necessariamente de Aristóteles? Será que o cinema não é passível de dialéctica ou de *fazer-se* com uma lógica dialéctica? Sabemos da luta de Eisenstein contra a projecção-identificação e sabemos, em último termo, que sossobrou; mas sossobraria com ele necessariamente uma empresa que Brecht erigiu definitivamente no teatro e que de Welles a William Wyler, a Bresson, a Varda, e, particularmente, a Marker, a Rouch e a Kurosawa, não cessa de erigir-se gradualmente no cinema, numa luta sem mercê contra a *"Phantasienmaschine"*? O veredicto de Edgar Morin, como outrora o de Eisenstein, não é felizmente sem apelo e é preciso admitirmos hoje, como admite Jean Carta, que "parece possível ultrapassar dialecticamente a contradição entre o poder sortílego da imagem e a necessidade para um humanismo de vencer esse sortilégio". Houve um estudo, hoje muito esquecido, que falou da "linguagem" e da sua transcendência; é altura de voltarmos a saber que o humanismo começa logo aí.

Ainda que representando um clímax nessa busca de uma "distanciação" sem negação que para Morin, e os nossos hábitos, é a quadratura do ciclo — mas que é vontade confessa de Resnais desde **Hiroshima mon amour** e não confessa desde, pelo menos, **Nuit et brouillard** e **Le Chant du Styrène** (a função dos alexandrinos de Queneau como o frio texto de Cayrol já não eram senão isso) —, **Marienbad** repõe realmente "uma concepção nova das relações entre a obra e o espectador" (Egly), um passo adiante em relação a **Hiroshima** e adiante, em geral, na "desalienação psicológica". Não só, com efeito, a utilização da peça de teatro (como "anúncio" do que se segue) e dos planos curtos (como técnica de "fragmentação) me parecem uma conquista em sentido brechtiano, nunca seguida, ou tão conseguida, na distanciação do cinema, mas ainda a frequência da dessincronização sonora e a contínua fusão dos tempos vividos ou fingidos vêm a permitir aqui uma liberdade de "leitura" como nunca antes a permitira qualquer obra deste autor (nem seguramente **Muriel**, apesar de ser a derradeira).

Nessa medida, é bem um filme *nouveau roman*, se, como diz Janvier, para o *nouveau roman* "o livro não tem razão de ser senão quando incita o leitor à inquietação, a pôr em questão, à invenção de relações autênticas com o mundo" — mas sem que deixe, mesmo assim, de ser uma obra que se negue ao apocalipe dos labirintos sem mercê. Nem o "detective sádico" de Robe-Grillet, nem o "inquiridor *boy-scout*" de Butor. Se alguma vocação nesse sentido existe (e Resnais foi o primeiro a confessá-lo) é a de uma polícia muito outra que a reificação complacente: é a de um amor que se procura, a de uma memória que obsidia, a do *"temps de l'oubli"* que recorda Yutkevitch — problema nada "metafísico" e até muito "físico" porque se aprendeu quer nos campos de concentração hoje em flor quer num *décor* de Hiroshima onde é possível "ignorar-se"...

"É um hotel provido de todo o conforto moderno, mas suspenso sobre o abismo, sobre o nada, sobre o absurdo. O espectáculo quotidiano do abismo, situado entre a qualidade da cozinha e as artísticas distracções, não faz senão exaltar o prazer que encontram os pensionistas nesse requintado conforto" — assim descreveu Lukacs o *Grande Hotel do Abismo* onde, à maneira dantesca, colocou uma típica "inteligência". Não sei porque me lembra Marienbad este *Grande Hotel do Abismo* e sinto que a "aventura" de **X** é uma certa libertação.

Imagem de um mundo onde tudo se destina a esquecer— a esquecer o que não *pode* esquecer-se, onde se aboliu o tempo, onde se aboliu o "abismo" (mas sobre que continuamos suspensos), é esse um mundo destinado à morte, se não um mundo já morto, e que, por isso, não suscita qualquer simpatia que não seja, em si mesma, imoral e mal-sã. Esta consciência criticamente realista ante um mundo de redoma (o que Mann desenhou em **A Montanha Mágica**) é a que respira também no **Marienbad** de Resnais. E a "fuga" desse universo concentracionário não é a náusea de **O Eclipse** ou o suicídio de **O grito** (que testemunhava, mesmo assim, um outro género de nobreza que as novas "fugas" do último Antonioni): é uma "fuga" planificada por uma persuasão, uma fuga autêntica — talvez um salto sobre o abismo —, "*...dans la nuit tranquille..., seule, avec moi*".

(Publ. no programa do C. C. Coimbra, de 17-3-1965)

22

PONTO DE VISTA FÍSICO E PONTO DE VISTA PSICOLÓGICO NO TEATRO E NO CINEMA

É quase um truísmo o dizer-se que a mobilidade do ponto de vista, se no Cinema é a regra, no Teatro é a excepção. Descontadas mesmo as primeiras experiências de cinema — câmara imóvel fixando um objecto móvel —, ou seja, atendo-nos ao Cinema como linguagem autêntica (como articulação: o que pressupõe, evidentemente, movimentos de câmara), o "horizonte" físico do espectador é, no Cinema, essencialmente variável, ao passo que no Teatro não o é. Sem dúvida, não se desconhece que, graças às cortinas, às cadeiras giratórias, ao palco giratório, às projecções e, principalmente, aos efeitos luminotécnicos, é possível, de alguma maneira, variar o "horizonte" do espectador teatral; como não se ignora, não só que diversos artifícios cinematográficos, como as sobreposições, a transparência, a montagem paralela e a montagem por atracção, caíram praticamente em desuso, mas ainda que o *"théatre de la peau"* de Epstein — isto é, o prestígio do grande plano — e, mais do que isso, o barroquismo de câmara (o uso e abuso dos *plongés*, dos *contre-plongés*, do campo-contra-campo, etc.) cederam, pouco a pouco, terreno a um cinema mais puro, mais límpido, mais "fixo": o cinema do *travelling* e do plano-sequência. Se não se pode dizer que esses meios não se usem ainda, constituem, todavia, ao contrário de ontem, mais um problema de estilo do que um problema de sintaxe. Contudo, não haja ilusões. O Teatro não deixa de existir pelo facto de, como na cena grega, o cenário ser um e único do primeiro ao último instante. Melhor: O Teatro, varie o que varie, é sempre aquele "lugar verdadeiramente predestinado" de que fala Vallet, lugar que não será, porventura, o mesmo no decurso da acção, que muda, eventualmente, de acto para acto e até, dentro de cada acto, de quadro para quadro — e que, graças à luminotecnia, se pode aproximar, alongar, baixar, elevar, contrastar e até rodear, como que em *travelling* à frente, atrás, ao lado, em *plongé*, em *contre-plongé*, em campo-contra-campo ou em panorâmica —, mas que é sempre um espaço dado, um universo finito, ainda quando rejeite o comum palco à italiana como rejeitou as unidades aristotélicas. O Cinema, ao invés, ainda quando se feche num ambiente de *"huit clos"* como no célebre Lumet de **Twelve angry men** [1] ou (menos exactamente) no Wyler de **The colector** [2], é sempre um insaciável prescrutador de novos mundos, um devorador de atmosferas, uma contínua e ávida pesquisa de novos ângulos, contornos, linhas, destruindo o que estava construído, rejeitando o que estava possuído, numa dolorosa e gideana fagia das *"nouvelles nourritures"* e das *"nourritures suivantes"*. O seu universo é infinito, o seu espaço não dado. Caberia falar aqui de uma vocação de sedentarismo e numa vocação de nomadismo, numa vocação geocêntrica e numa vocação heliocêntrica, ou, em termos de filosofia, numa vocação não atomística e numa vocação atomística, num patrocínio de Aristóteles e num patrocínio de Heráclito.

Porém, se o que dissemos se ajusta ao ponto de vista físico, quer dizer, ao ângulo de mira que é dado ao espectador, já não parece ajustar-se ao ponto de vista psicológico, quer dizer, à liberdade de associação, de evocação, de reflexão, que nos consente cada uma das formas artísticas: ao *"regard intellectuel"* da fórmula de Pascal. Quanto a este, com efeito, parece-nos que a situação praticamente se inverte, sendo o ponto de vista muito mais móvel no Teatro que no Cinema, isto é, permitindo o Teatro muito mais do que o Cinema que o espectador se mantenha intelectualmente activo durante a contemplação da obra de arte.

Não que os prodígios e, geralmente, os meios de fazer pressão no espectador, sejam exclusivo do Cinema. Pelo contrário, o Teatro (e não mais hoje do que ontem, a despeito dos incomparáveis recursos da cena contemporânea) nunca recusou, desde os gregos, as formas de sortilégio ou de encantamento — da recitação e da actuação ao *décor*, à música, à mímica, à dança — destinadas a fazer deflagrar uma carga emotiva frequentemente mais forte que a que produz qualquer filme.

---

[1] "Doze homens em fúria".
[2] "O obcecado".

Dando-se até que a pressão sobre o espectador é mais fisiológica no Teatro que no Cinema (salvo na medida em que toda a arte é sortílega, o que faz parte da sua própria dialéctica): o Teatro, com efeito, é estruturalmente acção, tensão, conflito (ainda que num teatro de "tempos mortos" como o de **À espera de Godot**), possuindo um ritmo forçosamente mais duro, mais ofegante, do que o específico fílmico (cujo "tempo" está mais próximo do do discurso romanesco que do da "crise" teatral). De resto, não se esqueça que o melhor cinema de hoje se vem progressivamente despojando de formas de pressão inicialmente muito comuns — a música envolvente, a acção frenética, a *suspense* dolorosa (reservadas hoje, em regra, para as séries inferiores) — e que, mesmo ao nível estético, não só superou, geralmente, o expressionismo, mas, como vimos, o grande plano dramático e outras formas "coactivas" da montagem curta. Inversamente, o Teatro tem evoluído para a utilização, relativamente ao último século, de uma cada vez mais complexa combinação de recursos, utilização que o aproxima, nas modernas experiências, de uma espécie de poderosa arquitectura operática ou de uma violenta liturgia profana. De todo o modo, os caminhos do Cinema não seguem hoje os trilhos de um Fritz Lang (ou do último Eisenstein: **Alexandre Nevsky**), enquanto não pode dizer-se que os caminhos do Teatro não ressuscitem, por vezes, a Meyerhold e a Antoine Artaud. A simples ideia de pressão não explica, assim, a rigidez do ponto de vista psicológico característica do espectáculo cinematográfico; em certa medida, é mesmo o seu inverso, como, em certa medida, é o seu inverso a não rigidez do "horizonte" ou do ponto de vista físico.

A força de mobilidade psicológica resulta, se bem vemos, da distância a que se situa o ponto de auto-recuperação do espectador, depois da inevitável entrega ou adesão que supõe toda a fruição da obra de arte. A dialéctica artística implica necessariamente uma entrega, um "ir até", uma "abertura", sem a qual não há hipótese de fruição. Na medida em que toda a arte provoca essa entrega, é, como se disse, toda a arte sortílega, pressionante, traumatizante, constituindo esse "momento" o seu inevitável "momento" mítico ou alienatório. Porém, esse "momento" supõe um outro, um "momento" crítico, onde o espírito retorna a si mesmo, se restitui, se reapossui, enriquecido da experiência artística e, por conseguinte, mais autêntico do que antes. O que só é possível graças à consciência não morta, e, a certo ponto, redesperta, da *fractura* entre o posto e o proposto, entre o seu e o alheio, entre o *ego* espectante e o particular ou mítico *ego* em que a projecção-identificação converteu o espírito. Ora essa consciência de fractura tende, no Cinema, a ser anormalmente anestesiada, pois o que se propõe ao espectador é um universo de tal modo *real* e de tal modo *pleno*, um *alter ego* de tal modo *ultra ego*, que a fruição se transforma numa quase dissolução. Realizou-se para o espírito uma tão monstruosa hipertrofia de si mesmo, cheia de todas as possibilidades de vidência (a mobilidade quase absoluta do ponto de vista físico) e de evidência (a realidade quase absoluta do universo que é proposto), que ele não tende (não deseja) a devolver-se ao seu *ego*. O espírito sente-se erguido a uma culminância demiúrgica — a alienação cinematográfica roça os limites da alienação paranoica. O *continuum mentale* é praticamente substituído: não há evocações, associações ou reflexões que não as dadas pelo poder da objectiva.

O que vem, repetimos, da lógica quase absoluta do universo proposto, ou seja, da *quase* absoluta continuidade entre o mundo do eu e o mundo do filme. Com a diferença de que o mundo do eu *não é* o mundo do filme, o que é também essencial para que se crie uma consciência mítica. No Teatro a confusão é constantemente anulada pelo palco, pelo homem no palco, um homem sujeito às mesmas condições físicas do espectador, comungando com este, apesar de tudo, de um mundo, do mesmo mundo, um homem contemporâneo. Corre, decerto, uma especial aventura, mas uma aventura aqui e agora, e até a falibilidade dessa aventura, o seu risco de acerto e desacerto, restitui continuamente o espectador à consciência de que é outro e fraterno. A vocação geocêntrica do Teatro é, no fim de contas, uma vocação antropocêntrica, a sua relativa rigidez de "horizonte" uma contínua afirmação do *verdadeiro* "horizonte". Por outro lado, a quase completa fusão entre o mundo crítico e o mundo mítico (que facilita a dissolução neste mundo mítico) é no Teatro constantemente anulada pela convenção, pelo traumatismo, pelo grotesco. Por isso, o trauma psicológico do maravilhoso é, paradoxalmente, uma defesa da desalienação psicológica, não sendo difícil ver no abandono do naturalismo burguês — na tendência do teatro moderno para mostrar que o rei vai nu, para se desventrar, para agredir o conforto de uma sensibilidade instalada — um nobre esforço de pedagogia humanista. Inversamente, a *candid camera*, o *cinéma-oeil*, o *cinéma-vérité*, como, em certo sentido, o plano-sequência e, sobretudo, o cursivo sintáctico do "estilo sem estilo" (e, esteticamente, o próprio neo-realismo italiano) não vão sem alguma ambiguidade nesse caminho. Pelo menos, estamos hoje bem mais dubitativos do que ontem sobre o valor desalienante do "jansenismo" de Wyler, não sendo por acaso que o "jansenismo" de Bresson (este incontestavelmente uma lição desalienante) é uma afirmação permanente de estilo (com a sua significativa "recuperação" do plano grande e médio e o seu "regresso" não menos significativo ao contra-naturalismo do mudo: vozes átonas, ruídos eleitos, etc.). De todo o modo, a luta pela assincronia, pela descorrelação, pela repetição "modificada" de enquadramentos, pela utilização crítica da música e pela utilização quase grotesca da cor — exemplo: Resnais —, parecem-nos constituir um indesmentível progresso em relação ao academismo de um Visconti. Além de que esse reintroduzir da convenção (ou esse destruir da convenção comum) ajudará a corrigir, por outra via, pela desinstalação que provoca no espírito do espectador, a imperceptível osmose entre o crítico e o mítico que considerámos conatural ao Cinema. A vocação heliocêntrica ou centrífuga proveniente da mutação contínua do "horizonte" — da cavalgada nas nuvens que resulta do fluir dos movimentos de câmara — só dissolve a consciência crítica porque a visão do espectador se confunde com a visão da objectiva, o que supõe uma unanimidade pelo menos de arranque: uma unanimidade de lógica e uma unanimidade de óptica. Ora a unanimidade de lógica é destruída pela "loucura" de uma câmara "ilógica", como a que efectua as assincronias, as variações, as arritmias, de que falámos acima; e a unanimidade de óptica é destruída pela destruição mais radical da convenção de que a objectiva é olho (olho humano) — a experiência ainda de Bresson em **Au hasard, Balthasar!**, que substitui a visão do homem pela visão de um burro —, ou então pela paragem súbita da objectiva, pelo seu súbito silêncio (como a extraordinária imagem fixa do final de **Les quatre cents coups**), permitindo que o espírito reverta a si mesmo, se reencontre, numa mais densa e mais lírica "objectiva" interior.

Claro que o problema não é tão simples como parece, até porque toca num problema de linguagem e de dialéctica da linguagem. Mas cremos que o que fica aqui dito, a título de sugestão, pode oferecer algum interesse para esse problema de linguagem.

(Publ. em VÉRTICE, 1969, v. 29, n.º 308)

23

FLORES PARA COIMBRA

Um Disco que Fez História

Quando se fizer a história dos anos 60 portugueses, há-de sentir--se a presença da juventude de Coimbra, lúcida e inconformista, a servir de aguilhão a uma rotina nacional, dividida e decrépita, mesmo nas zonas mais pretensamente inovadoras. Rebeldia inteligente e actuante, sem esquecer as raízes do passado, no que possuem de autêntico, e sem se perder nas águas de uma adolescência estranhamente senil, como é timbre de certa burguesia que, desconhecendo-se a si mesma, compra, a troco de uma violência gestual, a paz de espírito que não busca na acção.

Também na música e na poesia a mensagem de Coimbra se repercute com força, como o provam as criações de José Afonso e as interpretações de Adriano e do último Luís Góis. No entanto, seria injusto não distinguir o papel pioneiro e, de certo modo, mais genuíno, da guitarra de António Portugal — essa dureza dúctil e fremente que ele impunha já ao **Coimbra quintet**, recriando as velhas melodias com um metal mais incisivo e mais rouco, e que hoje, já claramente ideológica (e entregue, finalmente, à sua própria lição), não receia o fulgor e a eloquência do discurso. E a poesia de Manuel Alegre (**Praça da Canção, O Canto e as Armas**), epopeia da saudade e do exílio em que o fecundo nervo camoneano se timbra de um clarão de certeza e de força que ilumina de esperança as derradeiras gerações. É essa voz consciente e amarga que hoje se oferece neste FLORES PARA COIMBRA, sem esquecer o original contributo que, sobre o poema de Manuel Alegre, nos dá a música de Joaquim Fernandes (sinal de um eco não fortuito ou fictício que, para lá do círculo propriamente estudantil, suscitou toda uma crise de crescimento). E sem esquecer a limpidez das criações e interpretações de Francisco Martins — um *troubadour* inteligente e subtilmente lírico —, ou a viola desse arquitecto de sons (as ogivas sonoras de Duarte Costa) que se chama discretamente Luís Filipe. E em tudo o acento de António Bernardino, grave e profundo, carregando o peso desta criação colectiva com uma emoção que não exclui a consciência e um virtuosismo formal que não exclui a persuasão.

(Contra-capa do disco, 1970)

24

ACERCA DE *O CASO MATTEI*

Tal como aconteceu com a crítica italiana, o penúltimo filme de Francesco Rosi, rodado em Itália em 1971 e exibido entre nós em 1973, suscitou na nossa crítica doméstica opiniões inteiramente discrepantes. Não apenas o realizador como artista, mas, inclusive, a rectitude do homem — um homem e um artista, deve dizer-se, que desde o primeiro filme que Rosi realizou (**La Sfida** — "Fúria de ambições", 1958) a **Salvatore Giuliano** ("O bandido da Sicília", 1961), a **Le mani sulla città** (1963) e a **Uomini contro** (1967), tinham merecido justamente o louvor da crítica mais séria no seu país e no estrangeiro — foram agora radicalmente contestados, acusando-se, respectivamente, de "vulgarização", o artista — ou, como se disse entre nós, de "fetichismo do acontecimento" —, e de reformismo, o homem, se não de comercialismo, ou até de *longa manus* da má consciência burguesa: ao fornecer-lhe o "alibi", como escreve Edoardo Bruno, isto é, "a maneira para destruir (e digerir) um problema de outro modo indigesto" (*Filmcritica*, n.º 221, Janeiro de 1972).

O "problema indigesto" seria, neste caso, Mattei, ou, mais precisamente, a morte de Enrico Mattei, ao explodir misteriosamente o seu avião pessoal, partido de Palermo naquele dia, nas imediações do aeroporto de Milão. Estava-se em Outubro de 1962 e assim desaparecia, com 56 anos apenas, "o mais poderoso homem de Itália, depois de César", o presidente do E.N.I. (*Ente Nazionale Idrocarburi*), a empresa pública de hidrocarburantes constituída pelo mesmo Enrico Mattei, a partir da A.G.I.P., criada pelo fascismo. De origem humilde, fora inicialmente operário, subira a director de empresa, lutara na resistência italiana (e bravamente, como mostra o seu currículo), inscrevera-se na Democracia Cristã e em 1945 é encarregado pelo governo de

liquidar a existência da A.G.I.P. Em vez disso, porém, intui que dos restos da empresa fascista é possível erguer uma empresa estadual independente das companhias petrolíferas estrangeiras e em condições de tratar directamente com os países produtores do mundo árabe (a despertar, muitos deles, para a emancipação política). No que não se coibe de contactar com o antigo técnico da A.G.I.P. (apesar da segregação que a este impusera a derrota, dada a sua ligação ideológica com o fascismo), revelando dessa forma uma desenvoltura política que salienta o perfil "maquiavélico" de Mattei. Com a mesma determinação ou com a mesma *virtù*, depois do êxito da descoberta de metano, lança-se abertamente no mundo do petróleo. Disposto a contribuir para uma Itália independente, recusa a "colaboração" especulativa com as grandes companhias americanas e europeias — o "gatinho", como anuncia numa fábula, decide-se a enfrentar o "canzarrão" —, opondo-se aos interesses das chamadas "sete irmãs", que detinham praticamente o monopólio do "ouro negro". Oferece aos produtores do "terceiro mundo" uma quota de 75% (reservando para o E.N.I. apenas 25%, ao invés das companhias, que reservavam 50%) e estabelece contratos de fornecimento com Moscovo, o que constitui uma afronta à "coesão" do *free world*. Esta rivalidade, que tem orgulho em exibir, mistura-se com outras decisões inquietantes (fala-se de que fornecia armas aos argelinos; de que subsidiava não só a Democracia Cristã, mas também o Partido Comunista), o que, a despeito da sua isenção pessoal (nunca se alegou que tirasse vantagens para si), não deixou de criar-lhe oposições tenacíssimas, e tanto dentro como fora de Itália. Com um enorme poder de fascínio e uma séria persuasão de que servia o seu povo, Mattei transpõe os obstáculos sucessivos e lança-se, por fim, na "descoberta" desse "profundo Sul" onde, na bela expressão de Umberto Eco, "a Itália se torna cúmplice dos seus bárbaros"... É aí, nesse Outubro de 62, que anuncia a criação de novas fontes de riqueza, que darão trabalho às legiões dos emigrantes. Nesse clima de festa toma o avião para o Norte — a caminho do breve e misterioso minuto que encerrou para sempre o seu ciclo e o seu génio.

"Acidente", foi a versão oficial, versão, de resto, que, como em muitos outros casos, não tranquilizou a consciência de ninguém. Francesco Rosi sentiu a importância do tema e, depois de deixar que ele fermentasse algum tempo (ver a sua entrevista em *Écran 73*, n.º 20, Dezembro), decidiu explorar o seu relevo semiótico. "Senti — diz ele — que se tratava de uma pessoa que me dava a possibilidade de estudar uma certa situação italiana, de analisar e comunicar a minha interpretação em uma espécie de debate cinematográfico...". Vê-se daqui que o seu projecto era social, nada tendo de interior ou de subjectivista, ao contrário do que chegou a sugerir-se entre nós ("estupendamente antipsicológico", disse do filme Tullio Kezich). Para o que recorre eficacissimamente ao método que já utilizara em **Salvatore Giuliano** — ao invés de **La Sfida** e de **Mani sulla citttà** —, ou seja, não ao método da progressão dramática comum, mas ao método do *puzzle* de reconstituições e documentos, ao método de um inquérito sistematicamente conduzido segundo o princípio dialéctico do contraditório. Com a falsa crença de que os factos falam por si, de que não há que submetê-los a uma perspectiva iluminante? Com o esquematismo das vulgarizações mais grosseiras, tendo um efeito de alienação dos espíritos? Eis o que me parece serem injustíssimas críticas, como o são, consequentemente, as de um pretenso reformismo ou de um serviço prestado à má consciência da burguesia.

A perspectiva iluminante está continuamente presente nesse jogo preciso de *flash-backs* sucessivos, onde só com grande erro se não vislumbra o que se quer. Nenhuma coisa está ali por acaso, ou pela simples pretensão de acumular acontecimentos. Que factos urge recolher no inquérito? Os que permitem — esclarece ainda Rosi — compreender todo "um trecho da vida italiana dos nossos dias através de uma personagem com características fortemente significativas relativamente à situação geral, política, económica, social, humana, e, portanto, cultural da Itália". Não se trata, por conseguinte, da vida do homem em si, vida essa que importa apenas ao realizador na medida em que é significativa para o todo. E o todo é o mundo das relações sociais que gerou o indivíduo e o elimina em último termo. Como foi possível ele desaparecer *ex abrupto*? As grandes contradições explicarão o mistério e, embora Rosi não adiante a solução, adiantou o suficiente para se saber onde ela está. O exame rigoroso a que procedeu no seu filme — desprezando muitos factos, reconstituindo muitos outros, conforme a lógica do problema em questão —, inventaria perfeitamente as contradições em presença, não deixando planar nenhuma ambiguidade sobre o ponto de que, tendo-se tornado excessivamente perigoso, Mattei era um homem necessariamente a suprimir. Directamente pelas companhias petrolíferas? Pelos serviços secretos franceses, com ou sem a conivência das empresas de petróleo (como sugere a "vistoria" do falso capitão Gallo)? Pela *maffia*, que é um tema obsidiante para Rosi, de **Salvatore Giuliano** a **Lucky Luciano**? Por todo um clima político ambíguo? Eis todo um mundo de respostas verosímeis, que não deixam, porém, qualquer dúvida séria sobre a errada versão do puro e simples acidente. Sabotado em Palermo, o avião explodiu antes de estilhaçar-se completamente no solo. Os camponeses inquiridos insistem sempre nesse ponto, contra a versão que teimosamente lhes incutem. Como também não resta dúvida alguma de que é no campo dos interesses económicos e dos seus reflexos políticos que o móbil há-de entrever-se, sendo assim a "leitura" que se propõe ao espectador uma "leitura" caracterizadamente dialéctica.

Só que "leitura" que não é a da didáctica comum, pois a solução não se oferece de maneira impositiva, como acabamos justamente de dizer. O cinema de Rosi não é um cinema linear, como o foi o cinema do primeiro neo-realismo, posto Rosi não negue a sua filiação nessa estética (e dela seja, como alguém escreveu, "o mais fiel e acreditado continuador": cfr. ainda Tullio Kezich em *Sipario*, n.º 310, Março de 1972). Se nem sempre rejeitou um discurso mais clássico, em **Il caso Mattei** o seu discurso é polémico, quer pelo método de inquérito à **Salvatore Giuliano**, quer pela estrutura aberta da solução em suspenso e pela "entrada" do próprio Rosi no filme: "entrada" exigida, como ele salientou, pela necessidade de manter a contemporaneidade do "caso", de mostrar que a história não findou com o "Fim" (com o desaparecimento do jornalista De Mauro, que Rosi incumbira de colher documentação na Sicília, é o caso Mattei que começa outra vez...). Eis, pois, um típico cinema problema, que não deixa o espectador ociosamente instalado na projecção-identificação absoluta, mesmo que seja com um propósito honesto. É um cinema que "recupera" continuamente o espectador para o seu tempo e para o seu "horizonte", distanciando-o à Brecht, quer dizer, desalienando-o. O espectador é obrigado a pôr a história em questão, a fazer juízos de existência e de mérito, a tentar resolver pessoalmente o enigma. O que, como já se teve ocasião de observar (nesta Rev., Maio de 1969), constitui uma via indiscutível de progresso. Sem prejuízo, é evidente, da própria energia artística, não vá o espectador alhear-se da obra e da mensagem que essa obra contém. O que seria particularmente perigoso tratando-se de uma obra de carácter político, como provou recentemente Gevaudan (*Cinéma 73*, n.º 172, Janeiro): sentir o público, por excesso de real, que aquilo que vê afinal "não é cinema", é tão perigoso para a eficácia do filme — excepto ao nível do espectador militante ou, de qualquer modo, do espectador advertido — como sentir, ao invés, por excesso de ficção, que aquilo que vê afinal "é cinema" (não possuindo raízes no seu mundo envolvente, o que conduz as pessoas à alienação romanesca). É preciso encontrar o justo meio, e o extraordinário relevo de uma obra como esta será exactamente ter atingido esse ponto: ter conseguido o melhor equilíbrio possível entre as necessidades da intenção ideológica e as da pesquisa formal que torna o discurso eficiente (e eficiente enquanto discurso artístico, pois, como observou certa vez Maiakovski, a poética só é ideologicamente eficaz enquanto age ao seu nível de poética). A questão, em resumo, de Jean-Patrick Label, no seu estudo sobre *Cinéma et idéologie*, e que tem neste filme, segundo Gevaudan, a resposta mais lúcida que lhe foi dada até hoje.

Porque se trata verdadeiramente de cinema: "cinema puro — escreveu-se também — de que muitos filmes sem tese deveriam ter inveja"; cinema, enfim,"estritamente rigoroso e, ao mesmo tempo, supremamente eficaz" (Jacques Grant, *Cinéma 72*, n.º 168, Julho).

Insistir, depois disto, em "vulgarização", é desconhecer tanto a complexa tessitura do inquérito quanto o espaço que se deixa à reflexão do espectador. Decerto que a matéria é tão rica de sentidos que Rosi sabe que não se esgota num filme, que é possível sobre ela construir outros filmes. "Quis mostrar Mattei na sua problemática, nos seus diferentes aspectos, nas questões que suscita a sua acção, aspectos positivos que ele teve seguramente de começo, aspectos inquietantes que descobrimos em seguida quando, em lugar de ser um servidor do Estado, como ele gostava de dizer de si próprio, principia a tornar-se no patrão desse Estado. Este último aspecto põe múltiplos problemas, problemas da vigilância democrática, do controle democrático exercido pela colectividade, da programação económica em cujo quadro deve inserir-se a actividade das empresas públicas, do controle da autoridade dessas empresas para evitar que se tornem mais fortes que o Estado em si. Pensei, portanto, que havia muitas coisas a contar, e não somente para um filme, talvez para dois ou três...". O que não obsta a que tenha sentido também que urgia, desde logo, erguer a ponta do véu, arrancando Mattei do limbo dos mitos e situando a sua morte na sua verdadeira conjuntura; dar a esse homem a sua exacta medida e, com ele e por ele, a medida de um tempo, de uma atmosfera que o explica e que o transcende. A filigrana da ficção sobre o eixo do real faz o transporte do simples caso do indivíduo para o caso de um povo e até de um mundo em redor. O homem exausto que desperta na Sicília, dormido o sono da sua última noite, será não tanto Enrico Mattei (pois o *flash-back* toca aí a invenção) como o homem político que teima em lutar sozinho. Com essa denúncia da inviabilidade do homem só, ou do fracasso do idealismo individual, atinge Francesco Rosi uma alta linha dialéctica. O que mostra a que níveis se fez o esforço de análise, desde o nível aparente do atentado em si mesmo, ao das variadíssimas circunstâncias que o rodeiam e, finalmente, ao malogro de uma actuação individual que não mergulha as raízes numa política de massas. Uma reflexão ideológica extremamente complexa, com um feixe tão vasto de implicações e referências que só mercê de uma construção rigorosíssima e, ao mesmo tempo, de uma ductilidade espantosa, não se deixa cair em nenhum momento no caos.

Com o que acaba agora de dizer-se, a crítica de reformismo ou de serviço à burguesia só é possível com uma desatenção absoluta pelos múltiplos níveis em que o discurso se insere. E com o desconhecimento de que toda a obra de Rosi, descontado o *relax* de **C'era una volta**, se desdobra numa linha perfeitamente coerente. Como escreveu ainda há pouco Gili (*Écran 73*, n.º 20), "no coração da problemática situa-se a questão do poder, do poder entendido, não como um exercício autoritário efectuado à luz do dia, mas como uma empresa que extrai a sua força da sua substância escondida.... como um *iceberg* que, em face da opinião pública, aparece simplesmente numa parte muito fruste". Desvelar essa substancia escondida é a preocupação permanente do realizador, num *crescendo* que vai desde os *rackets* napolitanos das frutas e legumes de **La Sfida** e os tráficos ilícitos com os emigrados na Alemanha de **I magliari** ("Os traficantes", 1959) à denúncia das raízes económico-políticas do banditismo na Sicília em **Salvatore Giuliano** — a inamovibilidade das estruturas arcaicas e as suas múltiplas cumplicidades subsistentes (quer com a *maffia*, quer com as autoridades constituídas), aos *gangs* eleitorais e à especulação imobiliária em **Le mani sulla città**, à corrupção da "corrida" em **Il momento della verità**, finalmente, em **Il caso Mattei** (e prolongando-se em **Lucky Luciano**) a uma reflexão sobre o poder ao seu nível mais alto. "A autoridade do Estado não repousa nas instituições, mas em forças paralelas de que ele é o único a deter o modo de relação". Os conflitos políticos, económicos e sociais, são considerados lutas subreptícias em que entram em jogo determinadas forças cuja acção é impossível o cidadão controlar.

Se o tema é este — e bem claramente expresso —, como dizer que não se toca nas relações (nas relações entre os homens, que são o material da dialéctica), e que o que resta, em último termo, são as vicissitudes de Mattei ou a "discreta apologia" do tecnocrata que ele não foi? Tão pouco importam as vicissitudes da pessoa que dela se dá, como já observámos, uma série de *flashs* intencionalmente descontínuos — só o que interessa à sua relação com os outros —, em projecção estritamente objectiva — sem qualquer relance sobre o seu mundo interior —, e a história prossegue para lá do indivíduo, entre nós e connosco, que somos também actores nela. Por outro lado, há tão pouco apologia que, ao mesmo tempo que os aspectos positivos que determinam o interesse de Rosi, não se calam também os aspectos negativos que nos levam a sentir as limitações deste exemplo. Por certo que é uma figura de relevo e de algum modo progressista, nas circunstâncias em concreto (e negar isto seria simplismo maniqueu, que não traria vantagem para uma análise do real). Como Rosi acentua na entrevista a *Positif* (n.º 121), o aspecto que lhe interessa é a luta de Mattei contra as grandes companhias de petróleo e a intuição que ele teve, como que de forma espontânea, de ir no sentido para o qual ia a história, colocando-se ao lado do "terceiro mundo" contra os outros: "pôs em movimento uma situação geral, a do petróleo, que não somente toda a gente conhece como está na base de revoluções, de golpes de estado, de guerras". Mas, se essa tomada de posição instintiva, como o seu apoio à política de nacionalização, marcam, sem dúvida, um aspecto positivo que induz naturalmente a escolhê-lo como *clef*, a realização de Rosi — e a direcção do actor (desse magnífico Gian Maria Volontè, que com um gesto ou um sorriso levanta toda a personagem) — claramente insinuam os aspectos negativos que se mostram essenciais para a compreensão do conjunto: uma *volontà di potenza* que contém sérios riscos (como já vimos nas palavras de Rosi) e uma falta de perspectiva política última que o leva não apenas a uma demagogia sensível (lembrem-se as suas promessas na Sicília e o seu quê de postiço quando confraterniza com o povo), mas, sobretudo, como se disse, a uma luta solitária.

(Publ. em VÉRTICE, 1974, v. 34, n.º 360)

25

"AVANTI!", BILLY WILDER

O último filme do realizador vienense, que se expatriou para França em 1933 e, pouco depois, para os Estados Unidos, onde se veio a naturalizar e a fixar, é uma espécie de súmula das grandes preocupações que o dominaram na sua vida de artista: a preocupação cómica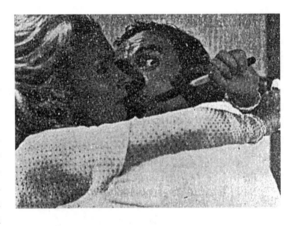
ou picaresca, que o situa na linha de um Lubitsch e em que alguns viram o melhor da sua obra; a preocupação cauterizante do *"american way of life"*, fruto directo da sua desadaptação orgulhosa à civilização da "eficiência" e da concorrência sem freio — mas não menos, também, de um certo gosto kafkiano que o liga sensivelmente ao expressionismo de 30 e às raízes políticas desse mesmo expressionismo (a começar pelo pressentimento do "terror", que se infiltra como um veneno no seu inconsciente de exilado...); e a preocupação desmitificante de toda a hipocrisia moral — particularmente, da hipocrisia sexual —, que, sendo um tema frequente na sua crítica à America, não se circunscreve, todavia, só aí, como talvez preferisse a nossa boa-consciência de europeus: que está no centro de uma hipocrisia social que corrompe até ao âmago toda uma civilização em declínio.

Estas três linhas, com desenvolvimentos autónomos — e poderíamos apontar **The Emperor waltz** ("A valsa do Imperador"), de

1948, **A foreign affair** ("A sua melhor missão"), também de 1948, e **The fortune cookie** ("Como ganhar um milhão"), de 1956, como exemplo da primeira; **The lost week-end** ("Farrapo humano"), de 1945, **Sunset Boulevard** ("O crepúsculo dos deuses"), de 1950, e **The big carnival** ("O grande carnaval"), de 1951, como exemplo da segunda; e, por fim, **The private life of Sherlock Holmes** ("A vida privada de Sherlock Holmes"), de 1970, como exemplo da terceira —, têm, contudo, afinidades entre si que permitem uma fácil e frutuosa conjugação. Raramente Wilder deixa de ser picaresco, ou de satirizar a América, ou de preocupar-se com o sexo. Devendo mesmo dizer-se que quando conjugou essas linhas é que terá conseguido um maior acabamento. Com efeito, se na simples comédia logrou por vezes alguns resultados excelentes (posto nem sempre compreendidos pelo público), já a cauterização da vida americana, quando não teve a cobri-la o pretexto do sexo — mas o embrutecimento alcoólico, como em **The lost week-end**, a exploração hollywoodesca, como em **Sunset Boulevard**, ou a exploração jornalística, como em **The big carnival** —, obrigando-o a um estilo mais claramente dramático e, por conseguinte, mais alheio ao burlesco, arrastou-o a produtos rapidamente perecíveis. E se **The private life of Sherlock Holmes** é, porventura, um dos seus melhores filmes, como observou a coeva crítica francesa (*Cinéma 71*, p. 121), será, supomos, não só pela desmitificação do herói — designadamente, da sua misogenia —, como pelo tom pícaro do discurso em que se insere.

Significa isto que o mais duradouro da sua obra foi quase sempre uma mistura subtil das três linhas de força de que falámos há momentos. Em **The seven year itch** ("O pecado mora ao lado"), de 1955, **Some like it hot** ("Quanto mais quente melhor!"), de 1959, e **The apartment** ("O apartamento"), de 1960, estará o mais firme da realização de Billy Wilder, pela conseguida harmonia entre a linha picaresca, ou de cómico "sério", característica do autor, a desmitificação sexual, e mediatamente moral, da civilização do Ocidente, e a desmitificação do país em que essa "civilização" tem o seu cume: os Estados Unidos, seu baluarte e seu modelo. O que possui, evidentemente, a sua lógica, pois é fácil de ver como essas linhas de força se solicitam naturalmente umas às outras: como o pícaro, que se quer também crítico, solicita o erótico — a zona humana que mais se presta ao ridículo, sobretudo numa civilização de tabus sexuais (e em que o *porno* é o LSD do homem médio) — e como o ridículo-erótico solicita o puritano, modelo extremo da tartufaria e do burlesco (donde a preferência pelo país dos *quackers*, tipo acabado do puritanismo repressivo). Em termos de estrutura poderíamos falar de um sistema, dada a estreita interdependência entre essas linhas ou factores: o pícaro-crítico impõe o erótico ridículo, maximamente o puritano, que impõe o pícaro-crítico. O que talvez explicasse o kafkianismo de Wilder — esse ambiente de verdadeiro *huit-clos* — que se respira nos mais significativos dos seus filmes; e esse complexo de pessimismo e sadismo, de como que comprazimento na irremediabilidade do homem, que já alguém não sem razão lhe diagnosticou. Pois quando o pícaro regressa a si mesmo, em consequência dessa estrutura fechada, já não é simples pícaro, mas satírico; e um satírico naturalmente cruel, desprovido de toda a ternura do burlesco, sem qualquer sombra de piedade, sem qualquer sombra de esperança. O riso é rictus — Migdar mordeu a sua cauda de serpente. Donde o fatal naturalismo do estilo — a busca do "exemplo", do "extremo", do "excesso", que, levando também inevitavelmente a um simbolismo, leva à rejeição do realismo com todas as sequelas ideológicas.

Isto que só pode tranquilizar os tranquilos — porque as estruturas só esclarecem alguma coisa quando elas foram devidamente esclarecidas —, tem, como é óbvio, outras raízes mais fundas e a que já aludimos ao situarmos Billy Wilder: designadamente, a influência expressionista, com a sua premunição de um terror iminente que não logra explicar nas suas origens mais secretas. O pânico de uma pequena burguesia que, não vendo a razão das contradições que despontam, tende a atribuí-las a uma fatalidade invencível: à civilização industrial, ao "desentendimento" das classes, ou mesmo à condição de *derelictio* do homem ("ser para a morte", segundo a tese heideggeriana). Nesse *transfert* não pode achar nenhum alívio — e daí a atmosfera de pessimismo e nevrose que descobrimos na generalidade dos autores; se não um ingénuo pacifismo à Franz Werfel, que leva às vezes a compromissos terríveis com os próprios elementos deflagradores das catástrofes: com os "assassinos que convivem connosco", os "*Mörder unter uns*" do célebre filme de Lang. Billy Wilder herdou um pouco de tudo isto, mas conservou (há que dizê-lo) uma rara lucidez. Se herdou, sem dúvida, o pessimismo da escola, não se fechou, todavia, no seu círculo de ferro — nessa pesquisa "a partir do interior", que só pode conduzir a evasões metafísicas —, mas tentou inseri-lo numa certa circunstância. E circunstância que analisou com argúcia, pois, embora arrancando primordialmente do sexo — ou da impossibilidade do amor, que é ainda um tema expressionista: o tema da solidão ou da derrelicção do indivíduo —, ao estudá-lo no mundo de relação, não só se libertou das profundidades do "eu", como progressivamente o imputou a uma conjuntura social em que não pôde não sentir ou não intuir a sua origem: o circunstancialismo económico, a corrupção do dinheiro (nota sensível sobretudo em **The apartment**, onde, como diz Michel Mesnil — *Esprit*, Dezembro de 1960 —, o que ressalta é a "imagem grotesca e aterradora do que se designa pelo *mundo dos negócios*"). Daí um estilo cujas conotações expressionistas — não só patentes na construção das personagens como no tratamento significativo do *décor* (embora mais na linha de Lang do que de Wiene) — sofrem, no entanto, de uma como que infusão de verídico que transforma o discurso menos num exercício psicológico do que num exercício predominantemente sociológico: sendo o "excesso" menos uma necessidade de "expressão" do que uma exigência de rigor na "descrição". Um naturalismo, mais do que um verdadeiro expressionismo, como aliás se compreende neste sócio-patologismo.

Avanti!, de 1973 (que entre nós se designou por "Amor à italiana"), tem de particular, dentro da obra de Wilder, a despeito do aparente inverosímil da história e, por conseguinte, de uma aparente maior concessão ao simbolismo, ser a crítica mais severa do *"american way of life"* que até hoje nos deu o realizador de Viena. "Em um contexto felizmente isolado das características da sociedade económica estadunidense — escreve Tony Rayns em *Sight and Sound* (vol. 42, n.º 3) —, Wilder oferece a sua análise mais directa da psicologia americana". Se antes tocara em aspectos parcelares — o álcool, Hollywood, a imprensa, o sexo — com alusões indiscutíveis ao mundo dos negócios (designadamente, no seu filme de 60), mas sempre permitindo, apesar do tom agreste, dizer que se tratava de casos isolados ou que não comprometiam o *establishment* no seu todo, eis que agora, posto a pretexto do sexo, é o próprio *establishment* que se encontra em questão nessa história peregrina de um grande "júnior" da indústria que vem a Ischia buscar o corpo do pai, morto nas férias de um acidente de automóvel. Contando com uma trasladação rapidíssima e já com dia marcado para o funeral (*"time is money"* e um Armbruster não espera), enquanto se dirige para Ischia, fazendo conscienciosamente a gravação do seu discurso, mal pensa Wendell Armbruster Jr. nos imprevistos que o aguardam no destino: precisamente, Pamela

Piggott, uma inglesa nédia e loira que vem a Ischia tratar do enterro da mãe (discreta empregada no grande *Savoy* de Londres), morta nas férias de um acidente de viação... Facilmente se calcula o *qui pro quo* e os prejuízos que ele traz para a monogamia "*made in U.S.A.*": que, como confessa o "júnior", admite, decerto, um arranjo de "serviço" — com uma secretária, no estilo de **The Apartement** —, ou um *week-end* fortuito em Haway, mas nunca este género de bigamia estival, repetida anualmente numa ilha da Europa! Todo o sarcasmo de Billy Wilder contra o moralismo tartufo explode aqui com uma violência soberba, à volta de uma história cuja "inverosimilhança" — que não excede as convenções da comédia — é tanto um meio de captação psicológica (a reiteração como reinvenção de comportamentos) quanto de mobilização metodológica (confrontação de comportamentos) e de avaliação sociológica (estandardização de comportamentos); supondo esse meio um outro processo anterior, que foi aqui fundamental para o resultado pretendido: a distanciação do objecto — a civilização americana — através do isolamento numa ilha europeia, da sua projecção num microcosmos neutro, ou, se quisermos, asséptico, que funciona como espelho (o "contexto isolado" de que fala Tony Rayns). Foi esse processo que permitiu a Billy Wilder, entre outras coisas, ver o objecto de fora — o que significa: vê-lo sem a pessoal alergia que lhe provoca o "estar dentro" da América; e, além disso, vê-lo de todos os ângulos, ou seja, vê-lo em toda a sua integridade.

Efectivamente, não é apenas o sexo, ou o comportamento americano em matéria de sexo, que Billy Wilder escalpeliza neste filme: é o comportamento americano em relação a quase tudo, desde a vida familiar à vida económica e política, designadamente, em relação à Europa e ao mundo. Quer por intermédio de Wendell ou da perspectiva de Wendell — enquanto "modelo" de um certo tipo sociológico, com todos os tiques do privilegiado *yankee*: a instalação, o preconceito, o infantilismo, a eficiência, a convicção do poder e a cordialidade esquiva (misto de desdém e de uma instabilidade secreta) —, quer através de alusões esporádicas ou da intervenção da personagem de Blodggett, funcionário em Paris do Departamento de Estado, são os próprios U.S.A. como superpotência mundial — ou a psicologia que se inspira nesse complexo de domínio — que são objecto da mordacidade do autor; e com referências, por vezes, tão verídicas (a Kissinger, ao Médio Oriente, às ligações com a *Maffia* — aquando, ao menos, da invasão da Sicília —, ou aos infortúnios da Presidência de Nixon) que não admira que o *establishment* tremesse e a sua "crítica" reagisse violentamente contra o réprobo (como reagiu a "crítica" americana, pensando o autor em retirar o seu filme). No microcosmos da ilha de Ischia, como num globo de cristal, reflecte-se subtilmente o macrocosmos dos *States*. Sendo significativa essa imagem do começo em que o avião, como um enorme milhafre, estende as presas avidamente sobre Roma. Uma visão inteligentemente expressionista e que define uma política, e não só um *leitmotiv*.

Por outro lado, a distanciação do objecto permite, como se disse, que, vendo a América de fora, o autor rompesse, pela primeira vez na sua sátira à psicologia da sociedade americana, a cerração do *huit-clos* que diagnosticámos nos seus filmes. O seu regresso à Europa — à Europa mediterrânica — é não apenas uma mudança geográfica, mas também uma busca do "paraíso perdido", uma busca do amor ou da comunicação possível, dentro do mundo do preconceito e do interesse. Tendência lógica num artista como ele — o *"Drang nach Süden"* (o "impulso para o sul") dos poetas alemães —, mas aqui, principalmente, um desejo de resposta ao lamento desesperado da heroína de **The Apartment:** alguma réstea de esperança, alguma réstea de ilusão. Quebrando o círculo da sua obra anterior, Billy Wilder, com os seus 67 anos, "à beira da morte, aposta pela vida" (como diz Fernando Lara em *Triunfo*: n.º 589, p. 45). A reedição com Wendell e Pamela da aventura entre Willy e Kate é o símbolo da esperança, apesar de tudo, possível, no desespero da civilização contemporânea, contra o império do lucro e do puritanismo repressivo: morder ao sol os frutos quentes do verão. Embora Wilder não tenha ilusões imprudentes: a aventura dos filhos, tal como a aventura dos pais, é, no fim de contas, um compromisso com o lodo, um compromisso com a própria hipocrisia que condenam — mas em que irrecuperavelmente se encontram incrustados todos os Armbruster do mundo do dinheiro. O que é, sem dúvida, uma perspectiva realista, mas não impede (ao invés) um abrir de horizontes que dá ao ritmo deste filme de Wilder um clima de *relax* excepcional na sua crítica. Com um ou outro apontamento impiedoso — a descrição dos Trotta, do *barman*, da siciliana, ressuma ainda um expressionismo cruel (ou, se quisermos, um naturalismo patologístico) —, há uma ternura à Fellini nas suas notas pitorescas, sem exclusão das suas frases satirizantes: como o rebanho de freiras que vai ver **Love Story...** Sendo patente que o seu ar de alegria segue em *crescendo* a humanização do herói: lembre-se apenas essa festa dos cestos que descem rápidos para o vendedor de mariscos (em contraponto da progressiva conquista que faz Pamela do seu americano tranquilo). Decerto, um breve e inconsequente *relax*, pois o compromisso não tarda com todas as mais implicações. Os "paraísos perdidos" são frágeis, porque não existe uma solução só a dois. Mas fica o apelo a uma urgente aventura que há-de passar, de algum modo, pela negação de certos deuses.

(Publ. em VÉRTICE, 1974, v. 34, n.º 361)

26

Retrospectiva do Expressionismo Alemão

A Futurologia do Passado

Sob os auspícios do Instituto Alemão, o Clube de Cinema de Coimbra acaba de oferecer aos seus sócios a retrospectiva do expressionismo germânico apresentada anteriormente em Lisboa. Lamentando-se a impossibilidade de trazer alguns filmes que integravam a retrospectiva — **Os Niebelungos** e a **Morte cansada** de Fritz Lang —, e o que pode haver de inautêntico numa demonstração do expressionismo de que está ausente o seu mais lídimo representante, Friederich Murnau (cuja obra, particularmente **Nosferatu**, é do mais vivo que essa escola nos deixou), tem de notar-se que a selecção que se trouxe ao público de Coimbra foi, apesar disso, não só um conjunto de filmes extremamente valioso do ponto de vista cinematográfico, mas uma matéria de reflexão ideológica extremamente oportuna para os

WIENE: *O Gabinete do Dr. Caligari*

STERNBERG: *O Anjo Azul*

LANG: *Matou*

nossos contemporâneos: para estes nossos portugueses de 70, aparentemente tão longe dos problemas de 30 e de um clima alemão ou europeu como o da época.

Não cabe lembrar aqui a importância cinematográfica de obras como **O gabinete do Dr. Caligari**, de Robert Wiene, **As sombras**, de Arthur Robinson, **A barraca das figuras de cera**, de Paul Leni, **Metropolis**, de Fritz Lang, **O anjo azul**, de Sternberg, **Matou**, de Fritz Lang, e **A ópera dos três vinténs**, de Pabst. A primeira faz parte das grandes obras-primas do cinema mundial e, em termos de mera linguagem (não de conteúdo, evidentemente), o mesmo se pode dizer de **Metropolis**. É "um monstro fascinante", escreveu Marcel Martin. Leni e o segundo filme de Lang situam-se quase ao nível de Wiene, e, se não se diz outro tanto de Sternberg ou de Pabst — o primeiro pela ainda indecisa transição entre mudo e sonoro e o último pela "traição" mais ou menos subtil ao espírito de Brecht —, seria inútil discutir a sua enorme transcendência para a evolução de uma certa forma artística.

Já interessa, porém, pôr em relevo a lição que este discurso expressionista tem do ponto de vista ideológico e que nos permite aludir a uma futurologia do passado. Esta expressão, ou este voluntário paradoxo, significa apenas que tal discurso assinalou um futuro, mesmo quando o não quis (e raramente o terá querido), o

PABST: *A ópera dos 3 vinténs*

que nos permite descobrir à distância de 40 anos, não evidentemente esse futuro, que para nós já o não é, mas o alfabeto em que esse "futuro" se escreveu: as raízes de que progressivamente ele brotou, os actos humanos com que progressivamente se construiu. Pois não será estranhamente sintomático o clima sufocante de qualquer desses filmes, desde a cidade subterrânea de **Metropolis** ao submundo londrino de Pabst, à organização dos fora de lei de **Matou**, ao terrorismo científico de Caligari, ao sadismo paranoico de Ivan, à degradação do herói de **O anjo azul**? Não se anuncia arrepiantemente a "abertura ao terror" de que falaria, passados anos, Heidegger (e elogiando-a, o que urge não esquecer...)? Mas mais importante do que isso — os vários modos como o terror se insinua: sócio-económico em **Metropolis**, sócio-psicológico em **O anjo azul**, sócio-psiquiátrico em **Matou**, sócio-político em Ivan, sócio-centífico em Caligari. Bem como as pistas, ou falsas pistas, que se encontram: desde a solução picaresca e anestesiante de Pabst à solução escandalosa e "moralizante" de **Metropolis** — a absurda ideia de um "grande abraço" entre as classes que antecipadamente segrega já a ideologia do fascismo. Os desvios conscientes de uma arte que não se arrisca a um exame dos problemas. Que foge deles para uma pesquisa formal, como se a luta fosse só ao nível do estilo. Fosse uma questão de *décor*, de luminotécnica, de efeitos (ou, parafraseando Godard, fosse *"une affaire de travellings"*)... Erro, supomos, que não foi só de 30 nem de um país perdido algures na Europa.

(Publ. em VÉRTICE, 1974, v. 34, n.º 361)

27

UMA TEATRALIZAÇÃO DE *FELIX KRULL*

O AUTOR

Com o patrocínio da Casa Alemã e por iniciativa do Instituto de Estudos Alemães da Faculdade de Letras da Universidade de Coimbra, dirigido pelo Prof. Paulo Quintela, apresentou-se entre nós, no grande anfiteatro da Faculdade de Letras, **Der Hochstapler Felix Krull** ("Felix Krull, cavalheiro de indústria"), interpretado por Wolfgang Haller e encenado por Sylva Denzler, sua mulher, sobre o texto do célebre romance inacabado de Thomas Mann, **Bekenntnisse des Hochstaplers Felix Krull** ("Confissões de Felix Krull, cavalheiro de indústria"), escrito pelo autor entre 1924 e 1954.

Não cumpre falar aqui da obra do genial criador de **Os Buddenbrooks**, **Tonio Kröger**, **A morte em Veneza** (adaptado recentemente por Lucchino Visconti ao cinema), **A montanha mágica**, bem como — já depois de receber o Prémio Nobel da Literatura em 1929, do seu exílio em 1932 e dos seus veementes **Apelos aos Alemães** lançados, na B.B.C., entre 1940 e 1945 — desse imperecível, e ainda não traduzido entre nós, **Doktor Faustus**, onde, no estranho destino do compositor Adrian Leverkühn, um Nietzsche *doublé* de Schönberg, "se espelha afinal a catástrofe apocalíptica de um povo" (Paulo Quintela, *O romance alemão contemporâneo*, "Vértice", n.º 214-215). A sua importância para uma perspectiva crítica da sociedade burguesa e para a literatura realista de todos os tempos, é hoje um dado definitivamente adquirido, designadamente por mérito de Georg Lukács, que

O INTÉRPRETE

a estudou com critério rigoroso (cfr., por ex., em trad. port., **Significado presente do realismo crítico**, Cadernos de Hoje, Lisboa, 1964). De toda a maneira, importa lembrar o papel que nessa obra têm as **Confissões de Felix Krull, cavalheiro de indústria** (traduzidas e editadas em português por Estúdios Cor, Lisboa, 1957), romance, sem dúvida, "essencialmente humorístico", mas que Thomas Mann não desejava de nenhum modo "frívolo"; romance, em suma, que corporiza, como diz ainda o escritor, a sua "relação com a tradição, a qual a um tempo é carinhosa e desvinculante e que determina toda a (sua) literatura". Uma função de "autoparódia do romance", na expressão de Gero von Wilpert, ou, mais concretamente, do "romance educativo e formativo" (o chamado *Bildungs- und Entwicklungsroman*) da grande tradição germânica, romance em que enraíza a própria obra do artista mas a que este atribui uma muito diversa fisionomia, ou, de forma mais precisa, que ele dissolve por dentro — sendo as **Confissões de Felix Krull** como que a demonstração disso mesmo, como que o clímax dessa mesma dissolução. O objectivo pedagógico do clássico *Bildungsroman*, graças aos "anos de aprendizagem" do herói, é nesta obra impiedosamente parodiado, pois a aprendizagem social de Felix Krull redunda numa pedagogia ao revés. Com o que se atinge, não tanto a pedagogia, quanto a sociedade e as convenções em que se apoia: Krull torna-se mestre da aprendizagem burguesa e é justamente a sua maestria na convenção dominante que, segundo Altenberg, "leva a convenção *ad absurdum*".

Daqui se vê a transcendência desta obra — deste romance (ou anti-romance) aparentemente menor — no conjunto da bibliografia de Mann. O que explica a sua longa gestação, que a morte do escritor terá, de resto, interrompido. Mais difícil de admitir seria a sua adaptação ao teatro — e isto não só pela dificuldade de redução do "discurso" romanesco à chamada "crise" teatral, como, sobretudo, pela dificuldade de redução de qualquer texto literário de Thomas Mann, sempre tão cheio de pormenorizações e sugestões e com uma prosa tão subtilmente polissémica, ao inevitável esquematismo de uma exposição sobre o palco. Mesmo sabendo-se que não se trata de **Os Buddenbrooks**, de **A montanha mágica** ou do **Doktor Faustus**, ou da densidade mortalmente lírica e dialógica de **A morte em Veneza** — só suprida (?) por Visconti graças à música de Mahler e às possibilidades de expressão do cinema e da cor —, mesmo sabendo-se, enfim, que **Felix Krull** tem quer um ritmo quer uma base humorística que facilitam relativamente a mobilidade e a unidade que pressupõe uma verdadeira *mise-en-scène*.

Devemos, todavia, confessar, com surpresa, que Wolfgang Haller nos mostrou eloquentemente que esse difícil era de todo modo exequível, e com respeito pelo texto de Mann, embora, evidentemente, com inevitáveis reduções (nem podia transpor-se para um espectáculo teatral, necessariamente limitado a algumas horas, um romance de 400 páginas). Escolhendo as *étapes* mais importantes do que lhe pareceu ser principalmente a carreira de Krull — o "menino prodígio" destinado ao sucesso, através do domínio de todas as técnicas do êxito numa sociedade de concorrência sem limites —, faz o papel do cavalheiro de indústria, narrando progressivamente a sua história e desdobrando-se sucessivamente, conforme as necessidades, nas personagens que contracenam com ele. Um exercício não só absolutamente verosímil (porquanto se trata de um vigarista perfeito), como o mais adequado teatralmente às circunstâncias: pois consegue manter quer a linha da obra — o seu carácter monologal ou confessional —, quer uma linha de teatro que torna o teatro possível — evitando a dispersão ou a monotonia completa. Nesse ir e vir de si para si mesmo, constrói e destrói um universo de pessoas, de uma variedade e unidade fascinante e proteica. Actor com um domínio de todos os meios de expressão tanto corporal como vocal e tonal, o espectáculo é um *show* verdadeiramente incomum; sem que perca, alguma vez, a sua seriedade genuína, de tal maneira é sóbrio e selectivo o seu jogo. Cenas como a do furto dos chocolates, a da inspecção militar, a da passagem da fronteira, a de amor com Dianne e a da troca de identidade com o Marquês de Venosta, são um elogio da mímica e da arte de dizer, para já não falarmos da versatilidade do artista, que atinge as raias do autenticamente inexcedível. Se alguma reserva há a fazer ao espectáculo é, talvez, a dos limites do seu conceito de humor e que deixa na sombra aquele mínimo de trágico que é visceral à ironia em Thomas Mann — e também nesta obra, como não podia não suceder. Momentos como o da visita a Müller-Rosé, ainda em criança; o da "dupla imagem" entrevista no *Zum Frankfurter Hof* e ulteriormente repetida em Lisboa no par Zuzu e a mãe ou no jovem toureiro; o do circo de Stonddbecker; etc. Certos "motivos" de toda a obra de Mann e que, se aqui compreendemos que não pudessem alargar-se, deveriam, porventura, ser suficientemente aludidos para se ter uma ideia da profundidade deste humor. Que não é, insiste Mann, um "escapismo criminoso" — mais um ensejo para fugirmos à vida —, mas, pelo contrário, uma forma de a atingirmos plenamente.

(Publ. em VÉRTICE, 1974, v. 34, n.º 362)

28

BREVES NOTAS DE UM LEITOR DE POESIA

A PROPÓSITO DAS TRADUÇÕES DE PAULO QUINTELA DA OBRA POÉTICA DE RAINER MARIA RILKE

Se a revelação da poesia alemã deve muito, e a muitos títulos, a Paulo Quintela — que, além de Goethe, de Hölderlin e de Nietzsche, deu ao nosso público de poesia traduções valiosíssimas de Georg Trakl, de Nelly Sachs e de Brecht —, pode dizer-se que o maior contributo do tradutor de *Prometeu* diz respeito a Rainer Maria Rilke, cuja obra praticamente o acompanha desde os começos da sua actividade literária. Com efeito, foi em 1942 que deu a lume a primeira recolha de poemas [1], para logo em 1943 publicar a versão de *A balada do amor e da morte do alferes Cristóvão Rilke* [2]. Em 1967 publica uma nova recolha, com os manuscritos entretanto aparecidos [3], e em 1969 publica *As Elegias de Duíno* e a colecção quase integral dos *Sonetos a Orfeu* [4]. Isto para não falarmos da obra em prosa de Rilke: de *Os*

---

[1] Rainer Maria Rilke, *Poemas*, prefácio, selecção e tradução de P. Q., ed. do Instituto Alemão da Universidade de Coimbra, Coimbra, 1942. A 2.ª ed., sob o título *Poemas I*, com novo prefácio do tradutor e de novo ed. do IAUC, é datada de 1967, e a ela nos reportamos exclusivamente no texto.

[2] Rainer Maria Rilke, *A balada do amor e da morte do alferes Cristóvão Rilke*, tradução de P. Q., ed. do IAUC, Coimbra, 1943. O poema foi incluído na 2.ª ed. de *Poemas I*, e a ela nos reportamos no texto.

[3] Rainer Maria Rilke, *Poemas II*, prefácio, selecção e tradução de P. Q., ed. do IAUC, Coimbra, 1967.

[4] Rainer Maria Rilke, *As Elegias de Duíno e Sonetos a Orfeu*, versão port. de P. Q., Ed. Inova, s. d.

Cadernos de Malte Laurids Brigge, publicados em 1955 [1], e da *Selecção de cartas e pequenos escritos em prosa* que se anuncia para breve [2].

O maior poeta de expressão alemã do século XX, no parecer de Quintela [3], e cujo centenário do nascimento se celebra este ano (4 de Dezembro de 1975), encontrou no Mestre português uma compreensão exemplar, constituindo as suas traduções, não apenas o indispensável veículo para quem entre nós não domina a língua de Rilke — difícil mesmo para bons especialistas —, mas também, e não raro, uma recriação poderosa do extremo lirismo do solitário de Muzot. Aliás, embora o Mestre coimbrão tenha evitado, nas edições para o grande público, as "largas explanações exegéticas" e os "subtis aprofundamentos críticos" [4] por que o Poeta, de resto, nutria um infinito desprezo [5] — num certo culto de individualismo de *out-sider* em que uma civilização em decadência exilava os incómodos (e Rilke foi-o, como um Rimbaud ou um Verlaine) —, a "arrumação" [6] a que Quintela procede no seu prefácio de 1942 como no prefácio de 1969 é um trabalho, luminoso de finura e de síntese, de primeira aproximação do mistério rilkeano. Coisa que nos parece imprescindível para quem se abalance ao conhecimento do Poeta — sempre insondável como a profundidade dos espelhos, mesmo nos poemas mais objectivos ou mais "descritivos" — e, sobretudo, do Poeta das *Elegias de Duíno*, com a extrema tensão da sua palavra rarefeita.

Tendo escolhido, de entre os possíveis caminhos que se apresentam virtualmente ao tradutor, o de se "conservar sempre fiel à expressão original, sem nunca ceder ao circunlóquio nem cair na paráfrase" — o que expressamente significou para si, perante a alternativa da

---

[1] Rainer Maria Rilke, *Os Cadernos de Malte Laurids Brigge*, tradução de P. Q., ed. do IAUC, Coimbra, 1955.

[2] Em preparação, com esse título, para nova ed. do IAUC: cf. as págs. de abertura de *Poemas I* e de *Poemas II*.

[3] Cf. o prefácio de 1942, em *Poemas I*, p. XVII.

[4] Cf. P. Q. no prefácio cit., p. cit.

[5] Em *Cartas a um Poeta*, tradução de Fernanda de Castro, Portugália Ed., Lisboa, 2.ª ed., s. d., carta de 17-2-1903, p. 11 sq., e carta de 23-4-1903, p. 25 sq. No mesmo sentido as transcrições de P. Q. dessas cartas, no prefácio cit., p. XVIII sq.

[6] Cf. P. Q., prefácio de 1942 cit., p. XX: "O que se segue não é crítica, é só — arrumação".

forma e da ideia, uma deliberada preferência desta última àquela[1] —, lógico será que nas versões que nos oferece possamos estar seguros de ver reconstituído o conteúdo de conceitos da poesia de Rilke, e não apenas isso (que seria pouco em poesia) mas ainda o arsenal metafórico e simbólico sem o qual o conceito poeticamente *não é*. Esta fidelidade à "expressão original" (e note-se que a palavra "expressão" torna desde logo ambígua a alternativa ideia-forma) garante a todas as versões de Quintela, mesmo para o leitor português que já conhece o alemão quotidiano, a função iniciática de que falámos acima — de veículo de acesso à poesia de Rilke — a um nível de exigência que não é preciso encarecer. Possuindo um completo domínio da língua e, além disso, da grande poesia germânica, não há sentido por mais recôndito ou fundo — e bem sabemos que a poesia de Rilke é "o objecto inesgotável", "*der unerschöpfliche Gegenstand*", como ele diz da rosa [2] — que o rigor de Quintela fielmente não transmita. Esse mínimo de lucro (e a quanto não monta já!) é, neste mar de traduções de traduções em que mergulha infelizmente a nossa cultura portuguesa, um privilégio raríssimo que lhe ficamos a dever.

Mas poesia não é só sentido e metáfora: é também ritmo, fuga, intervalo e harmonia; e dissonância ou contraste violento; e jogo, porventura jogo, a começar pela rima e a acabar na aliteração (um cruel jogo inteligente e necessário, o que o distingue do jogo dos versejadores diletantes). Ora Quintela está ciente disso mesmo e não perde o ensejo de *re-criar* a poesia — e não apenas de transmitir as suas imagens e conceitos. Se a empresa é naturalmente difícil em idiomas distanciados entre si, como o português e o alemão, tão diversos um do outro na morfologia e na sintaxe, mais difícil se torna quando se trata do discurso de Rilke, em que a forma não só se cinge à matéria, mas é ela própria que "constitui" a matéria, que assim resulta incindível dos seus prodígios e acidentes (de acordo, de resto, com a arte poética explícita no *Requiem für Wolf Graf von Kalckreuth*, onde se censura a sobreposição do "*sich beklagen*" ao "*sagen*", do "lamentar-se" ao "dizer", quando a função do artista é simplesmente "dizer" — "*hart sich in die Worte zu verwandeln*") [3]. Sendo, evidentemente, ainda mais árdua a

---

[1] Cf. o prefácio de 1942 cit.. p. XXIII sq.

[2] Em *Die Sonette an Orpheus*, Insel-Verlag, 1950, na 1.ª estrofe do S. VI da 2.ª P.; cf. tb. a tradução de P. Q., *op. cit.*, p. 124.

[3] Cf. a transcrição do texto original em *Poemas* I, Pórtico, p. 2.

tarefa (se não inviável de todo) sempre que a forma se urde de um complexo de medidas e rimas, de repetições e aliterações, praticamente irreprodutível numa estrutura similar: o que acontece, em geral, com os sonetos e, muito especialmente, com os *Sonetos a Orfeu*. Mas não apenas com os sonetos: confira-se, por exemplo, a estrutura coesa de *Herbsttage* [1], com o jogo de rimas interna e externa do 2.º e do 3.º verso:

> Leg deinen Schatten auf die Sonnenuhren,
> und auf den Fluren lass die Winde los.

Ou, em *Das Roseninnere* [2], este jogo ainda mais subtil de rimas e aliterâncias:

> Welche Himmel spiegeln sich drinnen
> in dem Binnensee
> dieser offenen Rosen,
> dieser sorglosen, sieh:
> wie sie lose im Losen
> liegen, als könnte nie (...)

Deste modo já é altamente meritório que, para além das ideias e metáforas, se reproduza o clima da poesia, ainda quando não se atinja uma equivalência perfeita. O que Quintela indiscutivelmente consegue na generalidade das suas traduções, com particular relevo para o clima difuso e amanhecente dos *Primeiros Poemas (Advento)* e da *Alba Poética* e para a lírica mais amadurecida de *O Livro das Imagens* e de *O Livro de Horas*; ou, falando do 2.º volume de Poemas, para o conjunto da poesia dos anos dez (1911 e, sobretudo, a larga colheita de 1912-1915). Sem que deixe de referir-se que, aí também, mesmo em recriações não inteiramente logradas, surgem por vezes alguns versos magníficos, como os já célebres

> A minha luta é esta:
> sagrado de saudade
> divagar pelos dias

(*A minha luta é esta — Das ist mein Streit:* I, 7)

---

[1] Cf. R.M.R., *Der ausgewählten Gedichte erster Teil*, Insel-Verlag, p. 15; cf. tb. *Dia de Outono*, em *Poemas* I, p. 103.

[2] Cf. *Der ausgewählten Gedichte erster Teil* cit., p. 17; ver tb. *O Interior das Rosas*, em *Poemas I*, p. 250.

ou o surpreendente

> e, impassível, emergir das rosas
>
> (*Olha como os ciprestes enegrecem — Schau wie die Zypressen schwärzer werden:* I, 32).

E que, além disso, há recriações quase puras, como O*s anjos — Die Engel,* I, 95, *O último — Der Letzte,* I, 98, *Pressentimento — Vorgefühl,* I, 105, com esse admirável final, inspirador de tantas vozes (e lembro **O Mar Absoluto** de Cecília Meireles)

> E desdobro-me e dobro-me sobre mim
> e arremesso-me e vejo-me sozinho
> na tempestade imensa.

A hora inclina-se e toca-me — Da neigt sich die Stunde und rührt mich an, I, 115, *Vivo a minha vida em crescentes anéis — Ich lebe mein Leben in wachsenden Ringen,* I, 116, *Escuridão de que provenho — Du Dunkelheit, aus der ich stamme,* I, 123, *Vamos-te construindo com mãos a tremer — Wir bauen an dir mit zitternden Händen,* I, 126, *Que farás tu, meu Deus, quando eu morrer? — Was wirst Du tun, Gott, wenn ich sterbe?,* I, 136, os três poemas *A Lou Andreas-Salomé — An Lou Andreas-Salomé,* II, 18, *Aparição — Erscheinung,* II, 24, *Pérolas rolam... — Perlen entrollen...,* II, 27, onde avulta esta estranha fosforescência

> como um teatro cheio, eu formo uma grande face,
> para não perder nada da tua alta aparição
> central

A descida de Cristo aos Infernos — Christi Höllenfahrt, II, 61, as *Cinco Canções de Agosto de 1914 — Fünf Gesänge. August 1914,* II, 114, e *Amor a começar — Liebesanfang,* II, 142.

Em *Novos Poemas,* do 1.º volume, e nos poemas da década de vinte, do 2.º volume, talvez pela prevalência da poesia objectiva e por uma mais frequente escolha de estruturas fechadas, designadamente o soneto, a recriação, mesmo de um clima, torna-se menos acessível. De todo o modo, ninguém pode não sentir a beleza simples de *Canção de amor — Liebeslied,* I, 206, a extrema solidão do *Horto das Oliveiras*

— *Der Ölbaumgarten*, I, 207, a enorme pena de *Pietà* — *Pietà*, I, 209, as mãos vazias de *O poeta* — *Der Dichter*, I, 219 (apesar da intraduzibilidade daquele "*geben mich aus*" do último verso, sobretudo em confronto com o "*an die ich mich gebe*" do penúltimo) [1], o ritmo e o fogo de *Bailarina Espanhola* — *Spanische Tänzerin*, I, 224, a tristeza virgiliana de *Orfeu. Eurídice. Hermes* — *Orpheus. Eurydike. Hermes* I, 226, com a sua cinzenta descrição do reino das sombras

> Rochedo havia,
> inessenciais florestas. Pontes sobre o vácuo
> e aquele grande, pardo, cego charco

e alguns versos, na evocação de Eurídice, que nada devem ao original alemão [2]

> já não do largo leito aroma e ilha

ou

> Solta era já como cabelo longo
> entregue como chuva já caída

Nos poemas da década de vinte, recordem-se a serena volúpia de *Na estrada acostumada ao sol, num meio tronco* — *An der sonngewohnten Strasse, in dem*, II, 225, o brilho emblemático de *Mausoléu* — *Mausoleum*, II, 239, o subtil animismo de *Seria agora o tempo de os deuses saírem* — *Jetzt wäre es Zeit, dass Götter träten aus*, II, 254, o ritmo de *Gong* — *Gong*, II, 259, e, finalmente, este terceto de um Kayyham metafísico:

> Mas se tentasses isto: de mãos dadas seres
> para mim como no copo de vinho o vinho é vinho.
> Se tentasses isto.

> (*Mas se tentasses isto: de mãos dadas seres* — *Aber versuchtest du dies: Hand in der Hand mir zu sein*, II, 261).

---

[1] R.M.R., *Der ausgewählten Gedichte anderer Teil*, Insel-Verlag, 1952, p. 20.
[2] Cf. *Der ausgewählten Gedichte erster Teil*, cit., p. 58.

Na mesma linha de recriação difícil se situam os *Sonetos a Orfeu* — *Die Sonette an Orpheus*, verdadeiro labirinto de alusões e sugestões, em que o rigor da tradução é já por si um milagre. O comum modelo do soneto italiano não obsta aqui a uma variedade métrica e rítmica que vai desde o trissílabo (I, 2.ª P.) e, principalmente, o tetrassílabo (IX, XVII, XVIII, XIX, XXII e XXIII, 1.ª P.), aos versos de 13, 14, 15 e até 20 sílabas (XIII, 2.ª P.); e desde a forma regular e classicíssima, em verso heróico, que domina a P. 1.ª, até à forma irregular e ultramoderna, que domina a P. 2.ª. Sem esquecer o jogo de aliterâncias e de rimas de que é exemplo o S. XIII da 2.ª P. [1]:

> Sei allem Abschied voran, als wäre er hinter
> dir, wie der Winter, der eben geht.
> Denn unter Wintern ist einer so endlos Winter,
> dass, überwinternd, dein Herz überhaupt übersteht.

Ou na estrofe seguinte:

> sei ein klingendes Glas, das sich im Klang zerschlug.

Um trabalho de Sísifo a que Quintela não foge, procurando recriar cada poema mesmo quando receia que se lhe quebre nas mãos. Sem que deixe de ser um enorme lucro o vislumbre, através da simples tradução, dessa grinalda sabiamente entretecida de temas celestes e terrestres (oh o ciclo dos frutos, com a inesquecível "dança da laranja", e o ciclo das flores, desde a anémona à inumerável rosa!), de deuses, de ninfas, de jovens mortos, de sarcófagos antigos, de jardins, de espelhos, de tapetes, de fontes, de amantes, de máquinas, de bailarinas, de dinheiro, de terra fértil e revolvida de fresco. Um Rilke inteiro e maduro, profundamente atento ao concreto, mas vendo-o sempre na sua dupla face:

> É ele daqui? Não, de ambos os reinos
> cresceu a sua vasta natureza.
>
> (VI, P. 1.ª)

---

[1] Cf. *Die Sonette*, cit., p. 45.

E de que, ainda quando não o doma em absoluto, o tradutor-artista nos dá lampejos fulgurantes, como a propósito da mortalidade de Orfeu:

> Não é já muito que à taça das rosas
> alguns dias por vezes sobreviva?

(V, P. 1.ª);

ou, a propósito da função do Poeta:

> Celebrar, sim ! Eleito a celebrar
> surgiu como o minério do silêncio
> da pedra. Ó coração, mortal lagar
> dum vinho inesgotável para os homens.

(VII, P. 1.ª);

ou, muito depois, e já no largo fôlego da última parte dos *Sonetos a Orfeu*:

> Oh, apesar do destino: as superfluidades magníficas
> do nosso existir, desbordantes de espuma nos parques

(XXII, P. 2.ª).

Não esquecendo este esplêndido verso, que transpõe com maestria o modelo de Rilke (*"Dies Zwischending aus stummer Kraft und Küssen"*) [1]:

> este híbrido de força muda e beijos

(XIV, P. 1.ª)

ou a quase perfeita equivalência, apesar da falta de rima, de todo o S. X da l.ª P. do ciclo, *A vós, que nunca ao meu sentir faltastes — Euch, die ihr nie mein Gefühl verliesst.*

Às vezes, porém, a recriação é um facto e com um poder de evocação e surpresa que só por si pagaria todas as penas do caminho

---

[1] Cf. *Die Sonette*, cit., p. 18.

(e justificaria só por si esta obra como um contributo indelével para a cultura do País). *Minha solidão sagrada — Du meine heilige Einsamkeit*, de *Advento*, I, 8, e *Inicial — Initiale*, de *O Livro das Imagens*, I, 108, são dois poemas perfeitos de modulação e sentido, pura poesia concentrada e melancólica. *Se eu tivesse nascido em qualquer parte — Wenn ich gewachsen wäre irgendwo*, I, 130, e *Tenho hinos que não canto — Ich habe Hymnen, die ich schweige*, I, 137, são também dois poemas magníficos. O primeiro quer pelo ritmo e pela intencionalidade profunda das comparações surpreendentes

>   ter-te-ia jogado a todas as ondulantes
>   alegrias (...)
>
>   ter-te-ia feito relampejar
>   como folha de espada
>
>   ter-te-ia formado (...)
>   (...) como monte, como incêndio,
>   como simum a crescer da areia dos desertos

quer pela indescritível amargura dos seus versos finais — essa *lacrima rerum* aplicada ao Imenso e transposta em português com uma segurança absoluta:

>   e *tu*: tu caíste do ninho,
>   és um passarinho de garras amarelas
>   e olhos grandes, e fazes-me pena.
>   (A minha mão é larga de mais para ti.)
>   E tiro com o dedo uma gota da fonte
>   e fico à escuta se tu a sorves sedento,
>   e sinto bater o teu coração e o meu,
>   e ambos de angústia.

Tenho hinos que não canto é um poema de anulação religiosa em que a escolha dos sons traduz um esfumamento progressivo:

>   Então sigo atrás deles
>   e ouço o som cavo das pontes soturnas,
>   e no fumo dos seus dorsos
>   oculta-se o meu regresso.

No 2.º volume dos poemas traduzidos há a relevar a recriação rítmica e rímica de *Canção — Lied*, de *Os Cadernos de Malte Laurids Brigge*, II, 14, que repercute esplendidamente o original (a um nível não inferior ao da recriação do próprio Rilke em francês); a espantosa concentração e explosão dos seis versos da *Pietà da Catedral de Aquileia — Pietà in der Cathedrale zu Aquileia*, II, 21

> ...e cresceste
> para com dor muito longa
> te ergueres desmesurado acima
> das posses do meu coração. E agora jazes-me de través
> sobre o ventre, e agora já não te posso
> parir

e a irradiação do fragmento

> e a ventura aberta
> dos céus extasiantes

(*E a ventura aberta — Und das offene Glück*, II, 33);

ou o peso enternecido de *Lágrimas, lágrimas que de mim querem brotar — Tränen, Tränen, die aus mir brechen*, II, 73, também perfeito como rima e ritmo, além das imagens imprevistas que o Poeta dá da "sua Morte"

> Minha Morte, minha moura, carregadora velha
> do meu coração (...)

e, sobretudo, o prodígio de *"Tem de se morrer, por conhecê-las" — "Man muss sterben weil man sie kennt"*, II, 110, e de *Exposto nos montes do coração — Ausgesetzt auf den Bergen des Herzens*, II, 128, duas recriações exemplares no rigor do conceito e na completa equivalência e ressonância das formas:

> "Tem-se de morrer, por conhecê-las". Morrer
> da flor inefável do seu sorriso. Morrer
> das suas mãos leves. Morrer
> das mulheres.

ou

> Mas o que sabe? Ai, o que começava a saber
> e agora cala, exposto nos montes do coração.

Por último, da década de vinte, lembrem-se as estrofes de *Do Ciclo: Noites — Aus dem Umkreis: Nächte*, II, 236, cheias de profunda harmonia, apesar da prisão do ritmo e da rima, e, nos *Sonetos a Orfeu*, além do S. I. da 1.ª P., *Uma árvore subiu. Pura ascensão! — Da stieg ein Baum. O reine Übersteigung!*, também conseguido rímica e ritmicamente, o S. I da 2.ª P., *Respirar, ó poema invisível! — Atmen, du unsichtbares Gedicht!*, que, embora não conservando a rima, oferece uma escolha de palavras e ritmos que reproduz modelarmente o livre enleio do poema.

Deixamos para o fim *A balada do amor e da morte do alferes Cristóvão Rilke — Die Weise von Liebe und Tod des Cornets Christoph Rilke*, I, 59, o *Requiem: por uma amiga; por Wolf Conde de Kalckreuth; por um menino — Requiem: für eine Freundin; für Wolf Graf von Kalckreuth; für einen Knaben*, I, 169, 185 e 195, as *Improvisações do inverno em Capri — Improvisationen aus dem Capreser Winter*, II, 5, e, sobretudo, *As Elegias de Duíno — Duineser Elegien*, publicadas em conjunto com os *Sonetos a Orfeu*, porque aqui me parece conter-se não só do mais profundo da poesia rilkeana, como uma espécie de filão em que a liberdade rítmica vai a par com uma meditação da palavra — e uma meditação da arte poética — que, do aparente narrativo da saga do Senhor de Langenau, cresce assustadoramente, através do *Requiem* e das *Improvisações*, até à extrema procura da meditação de Duíno, em que tudo se funde, se contesta e se ultrapassa (caminho em que porventura entrariam também a *Triologia Espanhola — Spanische Trilogie*, II, 38, *A grande noite — Die grosse Nacht*, II, 88, e as já referidas *Cinco Canções* de Agosto de 1914, se a realização desses poemas, relativamente mais frágil, não lhes conferisse, a nosso ver, um lugar subalterno — como que de subproduto dessa maturação essencial). Ora as traduções de Quintela são naqueles textos recriações inesquecíveis, não só em *A balada do amor e da morte*, onde cada palavra se recorta como um timbre, como no *Requiem por uma amiga*, com o seu medo do regresso (ou da memória)

> Não voltes. Se podes suportá-lo, sê
> morta entre os mortos. Os mortos estão sempre ocupados.

Como no *Requiem por Wolf Conde de Kalckreuth*, com o seu peso de remorso e de angústia

> (...) Tenho o coração
> tão pesado de ti como dum começo difícil demais
> que se vai adiando. Oh se eu pudesse principiar
> a dizer-te, morto que és, morto que gostas de o ser,
> apaixonadamente morto (...)

Como no *Requiem por um menino*, com a sua comovedora interrogação infantil

> E estas mãos começadas
> (...)
> Agora eis-me de repente — des-aparecido.
> (...)
> Mas deve haver crianças mortas
> que venham brincar comigo. Estão sempre a morrer

As *Improvisações do Inverno em Capri*, com a sua forma enxuta e a sua noite expectante, ante os rochedos e a veemência das águas, como, mais tarde, em Duíno e em Muzot, são já a prefiguração das *Elegias* e da extrema tensão da sua linguagem-limite:

> Face, minha face:
> de quem és? Para que coisas
> es tu face? (...)
>
> Tem o bosque uma face?
> Não está ali sem face
> o basalto dos montes?
> Não se ergue o mar
> sem face
> do fundo do mar?
>   (...)
> Não nos vêm às vezes os bichos
> como que a pedir: Tira-me a face?
> (...) E nós?
> Bichos de alma, transtornados
> por tudo em nós, ainda não
> prontos para nada, nós pascentes
> almas,
> não imploramos nós ao que destina,
> noite após noite, a não face
> que convém à nossa escuridão?

Está tudo prestes para o "tufão do espírito", como Rilke escreveu à Princesa [1], para essas dez elegias "que finalmente chegam, domi-

---

[1] Na carta à Princesa de Thurn e Taxis: cf. a transcrição de P. Q. em *Este "erro de distinguir"*, prefácio à publicação de *As Elegias*, cit., p. 18.

nadoras e irresistíveis, quase destruidoras na sua violência", na expressão eloquente de Paulo Quintela [2]. Um extremo combate com os Anjos, com o Destino, com a Morte, com a Vida, com o Amor, com a Beleza, com a Solidão irrevogável e pura, numa busca de apoio contra o vento ciclónico de um existir rapidamente perecível.

> Quem, se eu gritasse, me ouviria dentre as ordens
> dos anjos? (...)

— clama o Poeta, da sua varanda de angústia, em face do mar e da noite, reconhecendo logo que

> (...) mesmo que um me apertasse
> de repente contra o coração: eu morreria da sua
> existência mais forte. Pois o belo não é senão
> o começo do terrível (...)
>
> (El. I).

O que o não impede de continuar a invocá-los

> Todo o Anjo é terrível. E contudo — ai de mim! —
> eu vos invoco no meu canto, aves quase mortais da alma
> (...)
> (...) pólen da divindade em flor,
> articulações da luz (...)
> (...) e de repente, isolados,
> espelhos, que a própria beleza, derramada a jorros,
> de novo recolhem na própria face.

Esta ideia da auto-recuperação da beleza (ou da existência) é que o atrai para os anjos, como um ciume:

> Porque nós, ao sentir, evaporamo-nos (...)
> (...)
> (...) Olha, as árvores são: as casas,
> que habitamos, existem ainda. Só nós
> passamos por tudo como uma troca aérea.

---

[1] Em *Este "erro de distinguir"* cit., P. 17.

Mesmo os amantes — *são*?

> Vós (...) que no êxtase do outro
> cresceis a ponto de, dominado,
> ele vos implorar: "*mais não*" —; vós que sob as vossas mãos
> vos tornais mais abundantes do que colheitas de uvas
> (...) Amantes, *soi-lo* vós ainda então? Quando um ao outro
> vos levais à boca e bebeis —: bebida por bebida (...)

Ante a perecibilidade do ser, o elogio da prudência ática, da contensão apolínia:

> Não vos espantou nas estelas áticas a prudência
> do gesto humano? Não estavam amor e despedida
> tão de leve pousados sobre os ombros (...)
> (...)
> Encontrássemos nós também uma pura, contida, estreita
> parcela de humano, uma faixa nossa de terra fértil
> entre rio e rocha! Pois o próprio coração ultrapassa-nos (...)
>
> (El. II).

Urge evitar o "Deus-Rio de sangue" que nos marulha confusamente nas veias:

> Olha, nós não amamos, como as flores, com um só ano
> atrás de nós; a nós sobe-nos, quando amamos,
> seiva imemorial aos braços (...)
>
> (El. III).

E daqui brota uma meditação sobre a Vida:

> Ó árvores da vida, oh quando virá o vosso Inverno?
> Nós não somos concordes. Não somos, como as aves
> migradoras, unânimes. Surpresos e tardios (...)

Viver é contradição e a Vida é, pois, princípio da Morte — ou fruto, legado ou floração da Morte:

> Meu Pai, tu que, desde que estás morto, tantas vezes
> tens medo na esperança que trago dentro em mim
>
> (El. IV).

Morte que é o cerne das nossas fortuitas alegrias, o "centro" em torno do qual

> (...) a rosa da contemplação
> floresce e desfolha-se (...)
>
> (El. V)

e para a qual só estão prontos os heróis e os "cedo marcados para além" — os que "se precipitam para a frente" e "ao próprio sorriso se antecipam":

> Estranhamente perto dos que morreram jovens está o herói.
> Durar não lhe importa. Ascender é para ele existir (...)
> (...)
> Pois ao perpassar a galope o herói pelas estações do amor,
> cada coração por ele palpitante o levantava ao alto,
> enquanto ele, já de face voltada, se erguia nos confins dos
> sorrisos, — já outro.
>
> (El. VI).

Mas Morte que, dessa maneira, é também Superação, "Anunciação", pleno "Verão":

> Não só as manhãs todas do Verão (...)
> mas sim as noites! Mas sim as altas, do Verão,
> noites (...)

e encontro com o "Aberto", com o "Todo", anulação em definitivo da Morte. Sem dúvida que

> *Nós* nunca temos, nem um único dia,
> o puro espaço entre nós, para o qual as flores
> se abrem infinitamente. É sempre mundo (...)

— "mundo" na acepção de "mundano, de "profano", do que distrai ou aliena o espírito —, nós não olhamos o "Aberto" a não ser na morte

> Pois perto da morte já não se vê a morte
> e olha-se fixamente *lá para fora*, talvez com um grande olhar
> de bicho.
> (...)
> Sempre voltados para a criação, vemos
> nela apenas o reflexo do que é livre,
> por nós escurecido. A não ser que um animal,
> mudo, erga os olhos e veja calmamente através de nós.

Se esta entrega simples à Vida, em que a Morte se anula e que seria própria do animal — se não tivesse a reminiscência de uma *outra* ligação a ela infinitamente mais terna e que, ao ter de existir, lhe imprime o peso de "uma grande melancolia"

> (...) Aqui tudo é distância,
> e lá era hálito. Depois da pátria primeira,
> a segunda parece-lhe híbrida e ventosa.

— se esta *reversão* do olhar, que em nós está estranhamente voltado para o "mundo", o que nos provoca sempre uma dor de despedida

> Quem é que assim nos virou, de tal forma
> que, em tudo o que façamos, estamos sempre na atitude
> de alguém que parte? (...)
>
> (El. VIII)

— se esta *reversão* (ou *conversão*) é urgente, urgente é também compreender porque não nos é possível existir "com o loureiro", porque é humano "ter saudades do destino", do "*estar-aqui*":

> Mas porque estar-aqui é muito, e porque parece
> que precisa de nós tudo o que há aqui, todo este efémero
> que estranhamente nos interessa. A nós, os mais efémeros.
>   *Uma* vez
> cada coisa, só *uma* vez. Uma vez e não mais. E nós também
> *uma* vez. Nunca mais. Mas esta
> *uma* vez ter sido, mesmo que só *uma* vez:
> ter sido *terrestre* não parece revogável.

Onde o estatuto do humano, do efémero, se encontra com o estatuto do poético, que é nomeação ou re-criação (através dos *nomes*) das coisas:

> Pois o viandante não traz da encosta da montanha
> uma mão cheia de terra para o vale, de terra a todos indizível,
> mas sim uma palavra conquistada, pura, a genciana azul
> e amarela. Estamos nós talvez *aqui*, para dizer: casa,
> ponte, fonte, porta, jarro, árvore de fruta, janela —
> quando muito: coluna, torre...?, mas para *dizer*, entende-o,
> oh! para dizer *de tal* maneira como mesmo as coisas jamais
> pensaram ser tão íntimas (...)
>   (...)
> *Aqui* é o tempo do *dizível*, *aqui* a sua pátria.

Esta re-criação (através dos nomes) das coisas, esta "celebração", que é o estatuto da poesia ("*O sage, Dichter, was du tust? — Ich rühme*", escreveu Rilke noutro célebre poema) [1], leva ao reencontro do Poeta com o mundo, com as coisas simples e humildes do mundo, recuperando o contingente para o não-contingente, o efémero em termos de eterno:

> Canta ao anjo o louvor do mundo, não do mundo indizível,
> que a *ele*
> não te podes gabar do esplendor do que sentiste (...)
> (...)
> Diz-lhe as coisas. Ele ficará mais atónito (...)
> (...)
> (...) E estas coisas, que vivem
> de declínio, compreendem que tu as celebres; transitórias,
> confiam-nos poder de salvação, a nós, os mais transitórios.
> Querem que as transformemos de todo, dentro do coração invisível,
> em — oh, infinitamente — em nós! Quem quer que afinal nós sejamos.

E a contradição vem a resolver-se numa comovente ternura, a restrição a resolver-se em fecundidade e abundância:

> Terra, não é isto o que tu queres: *invisível*
> ressurgir em nós? — Não é o teu sonho
> ser um dia invisível? — Terra! invisível!
> Que missão impões tu, se não transformação?
> Terra, amada, eu quero. Oh ! crê, não eram precisas mais
> as tuas primaveras para me conquistar para ti — , *uma* só,
> ai, uma única é já demais para o sangue.
>
> (El. IX).

O que foi preciso para da "visão terrífica" chegar a este "canto de júbilo e louvor", para dos anjos terríveis chegar aos "anjos concordantes"! O que foi preciso em dor, em preço infinito de dores! E

---

[1] Cf. *O sage, Dichter, was du tust?*, em *Der ausgewählten Gedichte anderer Teil*, cit., p. 77.

como as dores são fecundas, como elas são para "nós, perdulários das dores",

> a nossa folhagem de durar invernos, a nossa avenca escura,
> *uma* das estações do ano secreto —, não só
> estação —, mas lugar, residência, acampamento, solo, morada.

E da meditação sobre a dor é previsível que se regresse, por um minuto, ao-de-lá, ao reino das cinzas, e se recordem os "mortos jovens" que seguem docemente a Lamentação, que lhes mostra

> (...) as altas
> árvores-de-lágrimas e campos de melancolia em flor
> (os vivos apenas dela conhecem a suave folhagem)

e que, vinda a noite, os leva ao

> (...) monumento funerário
> que vela sobre tudo. Irmão daquele do Nilo,
> a Esfinge excelsa —: face
> da câmara discreta.
> E contemplam atónitos a cabeça coroada que para sempre,
> em silêncio, pôs o rosto dos homens
> na balança das estrelas.

Mas um regresso tranquilo e difuso em que a Morte se olha de frente, sem tremor, como uma suave e agradecida lembrança. Depois do espasmo e das apóstrofes da luta, que na IX Elegia teve o seu altíssimo epílogo, a Morte já não aterra como a negação da existência. Antes: é a chuva fertilizadora da existência — uma ideia que já perpassa nos *Sonetos* [1] e que aqui põe o selo nas *Elegias de Duíno*:

> Mas se eles despertassem em nós, os infinitamente mortos, um
>   símbolo
> olha, talvez apontassem para os candeios pendentes
> das avelaneiras vazias, ou
> indicassem a chuva a cair sobre o reino sombrio da Terra na
>   primavera.

---

[1] Designadamente no cit. S. XIV da 1.ª P.

> E nós, que pensamos na ventura
> *ascendente*, sentiríamos a comoção
> que quase nos conturba
> quando algo de venturoso *cai*.

Esta confluência entre o que "ascende" e o que "cai", entre o celeste e o terrestre, que até aqui dividiam o jovem corpo de Linus [1], fecha o tumulto do espírito num grande círculo de paz. Paz insegura e provisória, talvez, num espírito que ardeu quase sempre em "tufão" — e que não sossegou, certamente, com este pacto com os anjos. Que não desiste de, sob o peso das pálpebras, descobrir de quem é o sono múltiplo das rosas. Ou que só o descobriu (se verdadeiramente descobriu) a 29 de Dezembro de 1926, sob uma lápide fruste, junto da igreja de Raron [2]:

> Rose oh reiner Widerspruch
>   Lust
> Niemandes Schlaf zu sein
>   unter so vielen
> Lidern

Ter trazido um tal Poeta até nós e ter penetrado a tal ponto a densidade dos seus versos, como nos mostra, entre outras, a recriação das Elegias, é um acto de amor pela cultura portuguesa — e pela cultura e a poesia em geral — que não é digno (parece) retribuir-se com o silêncio. Sejam estas notas de um leitor de poesia, com a subjectividade e a sinceridade que as ditam, o juro mais que modesto da grande dívida não paga.

Coimbra, Dezembro de 1975

(Publ. em BIBLOS, revista da Fac. de Letras, homenagem a P. Quintela, II, 99 segs. — Coimbra, 1976)

---

[1] O mito grego de Linus é directamente invocado no final da I Elegia e não parece absurdo invocá-lo agora, como símbolo do Poeta, à mercê, como o jovem semi-deus da Argólida, da ferocidade dos cães selvagens das suas contradições.

[2] Cf. a fotografia da sepultura de Rilke em *Poemas II*, e a tradução por P. Q. da inscrição funerária, redigida pelo próprio Poeta, *ibidem*, p. 281.

29

EVOCAÇÃO DE JOSÉ RÉGIO*

Ao bom acaso de uma amizade juvenil devo a honra e o gosto de me encontrar entre vós, neste translúcido e equívoco Dezembro, a evocar o Poeta que há um ano nos deixou.

Equívoco este Dezembro translúcido, mas mais equívoca ainda a minha missão de evocação. Já por ser eu, nem letrado nem crítico, a incumbir-me de falar-vos de um exigentíssimo escritor. A outros, seus camaradas de letras ou, pelo menos, agudos estudiosos da matéria, caberia de direito este papel tão difícil de restituir, em breves linhas seguras, o rosto de um Poeta que enche o horizonte de um país. Só o acaso de uma amizade juvenil — a de João Maria dos Reis Pereira [1], meu contemporâneo de Coimbra e testemunha generosa de alguns escritos sobre Régio que dei a lume com a candura dos vinte anos [2] — só o acaso dessa amizade juvenil e a lembrança de duas cartas do Poeta (escrita, uma, num ensejo tão ímpar que daria como poucas a medida da sua alma: acabava de morrer a sua Mãe...), só isso me forçou a não trair um apelo que em boas contas deveria rejeitar. E eis-me aqui improvisado oficiante com a perfeita consciência de quem comete um sacrilégio.

---

* Palavras proferidas em Vila do Conde, em Dezembro de 1970, no 1.º aniversário da morte do Escritor, na inauguração da biblioteca com o seu nome, instalada sob os auspícios da Câmara Municipal.

[1] O irmão mais novo do Poeta, licenciado em Geografia pela Universidade de Coimbra.

[2] *Jose Régio — Expressão actual da sua obra poética* em "Estudos", ano XXIII (1946), p. 204 e segs., e *"El-Rei Sebastião" — poema espectacular de José Régio* ibid., ano XXVIII (1950), p. 82 e segs.. V. também esta obra, *supra*, n.os 2 e 5.

Porém, bem mais ambíguo este ofício por querer recompor (ó velho crime de Orfeu!) a fisionomia de Alguém que tudo à volta nos reflecte. Pois não são este rio, esta orla, esta luz — "Vila do Conde espraiada / entre pinhais, rio e mar..." — o próprio rosto do Poeta continuamente surgente? Decerto que ele conheceu outros rumos, e ninguém esquecerá nem o seu Porto de impúbere, nem a iniciação coimbrã, nem os seus ritos lisboetas, nem sobretudo a Portalegre da *Toada,* com o seu peso de desvãos e ventanias. Mas era aqui, à "velha casa" de sempre, que ele voltava em espírito como o Lelito colegial. Era aqui a raiz do "meu menino ino, ino", com o grande vulto da Mãe, estranhamente sóbria, estranhamente lúcida, como um íman silencioso. E aqui viria ultimamente a acolher-se — ao velho horto exíguo, sob a cornija pendente —, entre os seus santos, os seus papéis, as suas sombras... Não um destino à Goethe, epicamente centrífugo, um destino à Gustav Aschenbach, com a morte à espera nos labirintos de Veneza. Um destino caseiro, liricamente, à Novalis — , o destino de alguém que desmedidamente cresceu mas nunca pôde acomodar-se à ejecção do antigo útero. Por isso, esta paisagem envolvente o reflecte com uma limpidez tão perfeita que constitui desperdício como real profanação a tentativa de o impor informemente em algumas frases.

Perdoareis que, todavia, eu o tente, com a certeza de quem faz uma das muitas coisas inúteis que o ritual da lembrança impõe ao jeito de ser homem. Uma mão-cheia de rosas breves e húmidas, vindas de um simples e comovido leitor que nunca pôde esquecer que, à roda dos seus quinze anos, sobre o ar morno da literatura oficial que se oferecia nos compêndios das escolas, caíu a pique, como uma luz dardejante, uma voz que marcou a sua inquieta adolescência.

Foi uma "história para crianças grandes", esse primeiro encontro com o Artista, nos velhos tempos do sexto ano do liceu. Algo com sabor clandestino, para a moralidade e a sensibilidade das selectas, pelo seu estilo irreverente, industrioso e mordaz, o seu apelo nocturno às transgressões misteriosas (um pouco do que, a seguir, me comoveria em **Les grands Maulnes**) e, sobretudo, o seu drama de desnudamento sem quartel. A descoberta da mistificação e do embuste — da coragem sacrílega das nossas próprias orelhas. Viria o tempo em que, por mão de Gide, de Sartre e de Genêt, passariam, alguns, da coragem à glória, da desmitificação à rejeição, como hoje à sombra dos jovens *"hyppies"* em flor... Viria o tempo em que eu próprio entenderia que o drama era mais amplo, mais rico e menos facilmente resolúvel ao simples nível de uma coragem exemplar. Mas essa força de **O príncipe com orelhas de burro**, a que sofregamente juntei **Poemas de Deus e do Diabo, Biografia, O jogo da cabra-cega** e **Davam grandes passeios ao domingo**..., essa esplendorosa força desmitificante e desnudante, com um ímpeto livre e, ao mesmo tempo, "liberto", que não conhecia o sarcasmo *défroqué* de Junqueiro ou a má-consciência obscena do naturalismo de alcova; esse assumir da plenitude do homem sempre num estilo extremamente eficaz, desde o Ipiranga retórico do seu *Cântico Negro* às reedições mais profanas e mais blasfemas da Bíblia; esse grito de revolta e de recusa, sem receio ao solecismo, ao vulgarismo, ao barroquismo, tão apto à refacção mais erudita do soneto como às apóstrofes mais violentas do panfleto — essa herança subtil de todo o domínio das formas, mas livremente insubmissa em face dos cânones da "poética" (e sempre, quanto ao fundo, galhardamente "irrecuperável" para os ditames de qualquer cúpula ou igreja) —; essa força do Régio do meu encontro adolescente deu-me logo a certeza de uma presença criadora como raras conhece a literatura deste país. **As encruzilhadas de Deus**, que também li avidamente, só confirmou esta espontânea convicção. Aí achei dos mais altos vôos da nossa lírica moderna, desde o *Meu menino ino, ino*, com a sua coda arrepiante ("Acabaste? / Meu amor, acabei..."), à *Carta de amor* com a sua dialéctica terrível e o seu "tempo" sofregamente vertiginoso (um dos poucos exemplos de dialéctica amorosa, com algum Pessoa e, recentemente, algum Sena, que se aproximam da força da racionalização camoneana), e, sobretudo. ao final de **As encruzilhadas de Deus**, que, aliás, já transcende a simples forma do lirismo: a oitava rima do poema *Sarça ardente*, com o seu fôlego épico e o seu "decalque" de Camões. Uma das obras mais perenes de toda a Poesia portuguesa e que, com algumas criações de Álvaro de Campos, mostra o equívoco de certa crítica moderna: o nosso treino-*tricot* para poetas de *élite*, pobres roedores de palavras com a fobia do discurso. Das poucas obras que reencontram a respiração de um Maiakowski, de um Lorca, de um Claudel, de um Neruda, de um Jorge de Lima, de um Perse, de um Eliot, de um Berthold Brecht, de toda a grande poesia feita do Homem para o Homem e que de si pode dizer como nos versos de algum deles:

"*Toi au moins
répète en gémissant aux siècles que je brule!*".

E isto sem quebra, como logo, **Fado** salienta, de Régio ser um alto e profundíssimo elegíaco: desde a guitarra mais subtil de um

Paredes aos acordes dolentes e inquietantes de Lisboa (e de permeio com o vento-suão do Alentejo e a ternura tão verde e humedecida destas lágrimas: "Vila do Conde espraiada / entre pinhais, rio e mar..."). Mas, nem lembrado "da casinha e das mulheres", como diz noutras rimas igualmente incorruptíveis, tem Régio a ver com o lirismo dos benquistos: o próprio **Fado** tem essa cor clandestina que arrepia a consciência dos tranquilos e devotos. No ar marítimo das suas vielas mais lúgubres, é uma Lisboa cruelmente desventrada que não surge nas crónicas das suas glórias de turismo. É uma Lisboa de marginais e de *out-siders* — de marinheiros, prostitutas, pederastas —, com uma dorida e discreta compaixão à António Nobre, mas com o escopro e a malícia de um Cesário sem mercê. Ora foi esta altiva contradição dos devotos, esta coragem da heresia intencionalmente mal-pensante numa atmosfera de súbito novamente dogmática, moralista e embusteira, como a dos longos anos trinta, que teve o brio e a nobreza de uma completa negação. Seja qual for o nosso juízo ideológico, impossível não ver no isolamento de Unamuno pelo menos o mérito de um grande e altivo *non possumus* às "aberturas ao terror" de todos os Heideggers de província. Numa sociedade subitamente bloqueada, também o mérito autêntico do individualismo da "Presença" — e do individualismo de Régio, que a dominou e ultrapassou — foi esse *não* resoluto às "políticas do espírito". *Não* que, de resto, ele cumpriu tenazmente, e para além do romance como para além da poesia: na sua ostensiva defesa dos *malditos* da época —, **António Botto e o amor**, o prefácio a Florbela —, e no pleno risco assumido em emergências menos teóricas. Ainda me lembro de um arrepio de lágrimas vendo o seu nome no M.U.D. em 1945!

E, não obstante, desde **As encruzilhadas de Deus**, o que aparentemente lisonjeava o meu orgulho de crente — essa fusão de San Juan de la Cruz com um Voltaire sarcástico e cruelmente histriónico — de algum modo doía e confundia o meu espírito. O "mim" e o "outro" da tragédia Sá Carneiro (o poeta do "Orfeu" que confessadamente mais o toca) repõe-se em Régio com um ardor de catecúmeno que literariamente o religa à tradição anteriana. Ao invés de Torga, que o mesmo diálogo aflige mas se recusa a qualquer possível conivência, José Régio trepida na ansiedade de um Encontro que facilmente se acredita verosímil. O problema é do *quando,* ou do *como,* não do *se.* "Diga o que diga, é só falar de Deus!": como não concluir que está às portas de Damasco? Quase o supus em 1946, numa aproximação cautelosa do seu último livro — esse magnífico e dúplice **Mas Deus é grande!** —, que publiquei em Coimbra no 3° ano de Direito [1]. O ciúme herético dos **Poemas de Deus e do Diabo**, que em **As encruzilhadas** é impiedoso *strip-tease* e já combate feroz em **Jacob e o Anjo**; a fina acústica das vozes "exteriores" que, ainda profana nas transgressões de Leonel, já será música — música mística — em Benilde; não prometiam realmente, esse ciúme e essa acústica, vir a "anular-se" numa autêntica *Aufhebung,* numa superação entre tese e antítese, que estimulava o desejo das anexações religiosas? Em carta que me escreveu nessa altura, ao mesmo tempo que rendia o seu louvor à compreensão da melhor crítica cristã, como o estudo de Miguel de Sá e Melo [2], prevenia-me honestamente José Régio contra o fácil engano da conversão definitiva. "Quanto mais perto me sinto de uma sensibilidade religiosa — dizia-me o Poeta, que cito apenas de lembrança —, tanto mais longe me sinto da integração nalguma igreja". Recordo, porém, que continuei a tremer — e secretamente a temer essa possível emergência.

Como explicar-se (perguntar-me-eis com razão) o paradoxo estranho desta atitude de um católico? Direi apenas que há "iluminações" claudelianas (mas *sans rancune* para o criador de *Violaine)* que têm o gosto sombrio das mortes ínvias da alma. Numa sociedade "decorativamente cristã", conforme alguém insuspeito em certa altura a crismou, e não longe dos *"grands cimetières sous la lune"*; num tempo em que a rapina dos abutres toma por seu (e obscenamente o explora) qualquer ceitil da contabilidade das consciências — como não ver que, se "o vento sopra onde quer", nunca o fará nos desertos da negação do próprio homem? Que para o homem e pelo homem se sobe ao Deus que humaniza, sendo sacrílega toda a inversão desse trajecto? Saber de Régio um comungante na Injúria, à mercê das fanfarras do *"grand désordre établi"*, constituía para mim uma perspectiva dantesca. Não defendido, por seu orgulho de raiz, com os vigores de um compromisso na acção, era já presa, no seu isolamento de Poeta (apesar da distância de uma heterodoxia fulcral que o não deixava insensível, em cada opção mais solene, a uma escolha concreta fundamentalmente humanista), não defendido, por esse seu isolamento, era

---

[1] Cfr. o primeiro artigo cit. supra (nota 2). V. também esta obra, *supra,* n.° 2.
[2] MIGUEL DE SÁ E MELO, O *aceno de Deus na poesia de José Régio,* em "Estudos", ano XIII (1936), p. 369 e segs.

já presa de uma cortesia de epígonos que a cada canto tecia a sua teia de emboscadas. Como não vê-lo — tivesse algum desequilíbrio — na praça pública das adesões tonitruantes?

Esse Régio "suspenso" dos anos 50 e 60 foi o medo interior da minha exigente admiração. E eis que aqui o seu orgulho o salvou — ó ironia do grande vento do Espírito, que sopra sempre autenticamente onde quer!... Se retomava em sucessivas edições o velho ciclo dos seus demónios e ternuras — a acústica das vozes no **El-Rei Sebastião**, a luta entre mim e o outro na festa fellínica de **Mário**, e, sobretudo, no seu interrompido romance, os doces monstros da velha casa incombustível —, ia ficando, porém, sempre fiel a si mesmo e à lição de um *non possumus* que continuou até ao Fim. Como no soneto final de **Biografia** — "Vou e venho, vou e venho, e é inútil / tentar vestir qualquer paragem fútil / que o tal aceno incógnito é mais forte!..." —, continuou a sentir a equivocidade de um consenso que fatalmente passaria sobre os escombros do seu ser. Mas só orgulho nietzschiano ("é preciso ter asas!") [1] ou justamente a surpresa e a sublimação do seu reverso? Esta pergunta, esta última pergunta, faço-a à teoria dos seus três últimos livros — **A chaga do lado**, **Filho do Homem** e **Cântico Suspenso** —, que contêm o espólio da sua última poesia. Nesse "mau gosto" de um populismo prosaico que recorda o "mau gosto" do neo-realismo de 40; no novo ciúme intencionalmente bem-pensante da sua rebelde e insistente contestação do *engagement;* na subtil hagiologia do seu João Bensaúde e nalguns versos de um puro e tão perfeito lirismo; nas suas rosas, nas breves rosas de um Maio que assim persiste em despedir-nos em silêncio — que grão azul secretamente floria neste Poeta que não cessou de surpreender-nos? Não receio sugerir que era uma extrema humildade, no sentido mais fundo e mais pungente da expressão. Uma "abertura", ainda raivosa, a esses *outros,* que não cessou de invejar no seu orgulho demiúrgico. E um ainda incompleto despojamento do ser, que só espera a palavra mais livre e pura do Amor:

> *"Como um navio no mar*
> *A meio da noite a casa,*
> *E o vento e a chuva em redor.*

---

[1] Da fase de Nietzsche que serve de pórtico a **Biografia**: "Quando se ama o abismo é presiso ter asas".

Lá dentro, a um canto do lar
Onde um bom tronco se abrasa,
O homem sentado espera.
Se alguém chegar,
Terá luz, terá calor.
Batem à porta. Quem dera
Que fosse realidade!
Já teve tais decepções
O homem que há tanto espera!
Mas agora, alguém batera
Que chega da tempestade,
Que percorreu solidões...
"Entre quem é!" Pode ser
Alguém que venha roubar,
Assassinar, ofender...
"Entre quem é!" Não importa.
Se alguém vem que bate à porta,
O homem só quer abrir.
Chegou, por fim, a saber
Que, venha lá quem vier,
Seja quem for,
Só um dos dois pode ser
Desde que não a fingir:
A Morte, o Amor".

(Publ. em O INSTITUTO, 1979, v. CXXXIX)

30

DA POESIA, DA PALAVRA, DA ARTE

(Entrevista a DAVID LOPES RAMOS)

"Não é na ansiedade ou à boca dos acontecimentos que a poesia se produz, mas quando há uma certa distância, uma certa sedimentação", diz Orlando de Carvalho, a propósito do seu livro **Sobre a Noite e a Vida**, publicado pela editora "Centelha", de Coimbra, no final do ano passado e cuja primeira edição se encontra praticamente esgotada.

Em **Sobre a Noite e a Vida** coligiu o autor, nas suas próprias palavras, *"poemas de vinte e cinco anos, alguns deles (oito do primeiro e sete do segundo período) já publicados em jornais ou revistas ("Vértice", sobretudo) e, por deferência dos seleccionadores, republicados três deles em* **Poesia 70** *e* **O Nosso Amargo Cancioneiro***"*.

Orlando de Carvalho organizou este seu livro — em que o bom gosto se afirma desde a capa ao alinhamento da "tábua" (índice) — em três livros, escolhendo para os identificar "alguns dos versos mais significativos" que escreveu: *"Noite Após Noite"* é o título do primeiro livro e inclui poemas escritos entre 1959 e 1964; *"Sobre a Noite e a Vida"* é o título do segundo e, também, de todo o livro e inclui poemas escritos entre 1966 e 1971; e *"Os Rápidos do Sonho"* é o título de encerramento da colectânea e os poemas abrangem os anos de 1979 a 1984.

Foi por aqui que a conversa com o poeta começou. Pelo "título, títulos, datas" — do livro, o seu primeiro livro de poesia, tentando avaliar até que ponto esta obra, publicada quando o autor se abeira dos 60 anos, é "o roteiro de uma vida".

"A organização do livro — explicou Orlando de Carvalho *— corresponde a uma certa evolução pessoal: na primeira parte agru-*

pam-se poemas muito subjectivos, mais tradicionais na forma, e isto porque tenho uma fase de poesia anterior, não publicada, retórica, versilibrista; a reacção contra isso foi voltar às formas, buscando no constrangimento delas uma espécie de disciplina.

"Depois, a segunda parte, já é muito mais voltada para o exterior, mais objectiva. São poemas nascidos dos meus contactos com o estrangeiro, das memórias da guerra colonial, das minhas experiências de prisão em 61 e 62, da memória de outras experiências, nomeadamente a condenação à morte pelo franquismo de patriotas de Euskadi ou a prisão de Angela Davis.

"A terceira parte abrange a fase correspondente à revolução, já depois da revolução."

Faço notar ao poeta a existência de "um hiato" na selecção de poemas, entre 1971 e 79. Orlando de Carvalho esclarece que "foram períodos bastante maus" quanto às condições que lhe são indispensáveis para escrever poesia: uma doença grave, em 1971; a morte do pai, em 1973; a Revolução do 25 de Abril, com o subsequente aumento das actividades cívicas e políticas. "Não é na ansiedade que a poesia se produz", diz.

I — "ESSE POEMA QUE QUIS FAZER..."

Esclarecida a questão por mim suscitada, o poeta volta ao tema da organização do livro para considerar que *"a terceira parte é a mais madura"* e o resultado de *"uma certa reflexão sobre várias coisas, nomeadamente do País".*

Orlando de Carvalho chama-me a atenção para o penúltimo poema do livro — *Por sítios sismos signos clandestinos* —, um belo texto, pleno de ritmo e força, um "fresco" sobre o antes, o durante e o depois da Revolução de Abril.

"Esse poema que quis fazer — explica — *porque, tirando* **As portas que Abril abriu**, *de José Carlos Ary dos Santos, mas este surgido na fase de euforia, o tema da revolução ainda não fora tratado. Na primeira parte trata-se da preparação, e aí o poema aparece cheio de alusões históricas concretas à resistência. A segunda parte é a realização, muito rápida, da revolução. Um período em que fomos um pouco o espectáculo do mundo. Servi-me da ideia de António Nobre em "Lusitânia no Bairro Latino", fazendo o contraponto com a*

Revolução francesa, para recuperar uma coisa que me parece muito importante em António Nobre, apesar de, para nós, o "mal du siècle" não ser tão pessoal, mas fruto de condições exteriores.

"A parte final deste poema é uma espécie de rescaldo, em que critico o regresso à poesia subjectiva, conversa de iniciados, em que se transformou a poesia portuguesa moderna. Que poderá ter tido justificação noutra altura, mas que, agora, resulta em conformismo antecipado, assente na ideia de que tudo está bem."

Anoto que também na *Ode a Maiakowski*, outro poema da terceira parte do livro, surge esta visão, tendo como ponto de partida a crítica que o grande poeta soviético fazia a Essenin. Orlando de Carvalho comenta que *"o mal não são tanto certas coisas epidérmicas, mas a poesia que se renega a si mesma na sua dimensão social e humana. Daí o tom um pouco provocatório do poema citado"*.

Porém, na expressão do autor de **Sobre a noite a vida**, a sua poesia *"não é uma poesia de conceitos. As coisas são discutidas, mas ao nível da experiência vital. Da experiência pessoal, familiar, sexual, amorosa, das prisões, revoluções, de fenómenos. Nessa medida é uma poesia objectiva. Não no sentido de que não haja construção — sou contra a ideia de que não há construção na poesia. Há construção e há utilização dos elementos da comunicação ao nível poético. Não se trata de fazer explodir as palavras, mas de comunicar alguma coisa. Despertar de emoções similares, através da comunicação de uma experiência directa. E não que não admita a poesia conceitual. Admito-a, mas não a faço.*

"Só que a forma de conhecimento que a arte é (porque é uma forma de conhecimento; Einstein reconhecia-o frente a Saint-John Perse) não é redutível a esquemas, fórmulas ou ideias. Age pela via da criação de climas emocionais e, portanto, nessa medida, é comunicativa. Tem que ser. Se não dizemos nada a ninguém, escusamos de estar a escrever. Mas é dizer, fazendo despertar o leitor para experiências, sentimentos, reivindicações e comunhões originados nos próprios factos, filtrados pelo fingimento literário do autor."

II — "A ARTE NÃO É CONFORTO"

"O trabalho do poeta, de criação poética, é um trabalho de solidão? De confronto, de ajuste de contas do poeta consigo mesmo, com a memória das coisas, ou o que é? As obras de arte são uma solidão infinita, como pretende Jorge Luís Borges?" — pergunto.

"*As obras de arte* — argumentou Orlando de Carvalho — *são solidão, na medida em que as experiências pessoais, quanto mais profundas forem, de alguma maneira são irrepetíveis. E essa carga de irrepetibilidade faz com que não sejam confortáveis para o poeta. A arte não é conforto. Em certa medida é até desespero e angústia.*

"*Por outro lado, daquilo que o poeta diz e comunica, ou tenta comunicar e exprimir, não é seguro que tudo venha a ser recebido e compreendido, e, portanto, é uma espécie, nessa medida, de fala do homem só*".

"*Agora, é preciso notar-se — volto a repetir —, que a arte é expressão, como dizia Rilke (ele criticava os que estavam sempre a lamentar-se, em vez de dizer:* "sagen" *era o verbo que ele empregava). Se o artista não busca a expressão, não procura criar comunhão e solidariedade, verdadeiramente, repito, só faz um mero exercício individual e, então, esse, profundamente isolado, pois também não quer ser outra coisa. Então mais valia escrever confidências, destinadas estritamente à não publicação.*"

Faço a conversa — que decorreu no ambiente austero do gabinete de trabalho que Orlando de Carvalho ocupa na Faculdade de Direito, em Coimbra — reentrar no campo dos segredos da arte poética. Quero saber se, quando faz poesia, tem apenas presente "a emoção suscitada pela observação das coisas ou a sua participação directa na vida", ou se também há "o recurso a uma técnica de verso".

Para Orlando de Carvalho, "*a técnica é fundamental na poesia. Um dos grandes males desta arte é que, como só exige papel e lápis ou gravador e voz, há quem pense que, com estes instrumentos, pode fazer a arte toda.*

"*Se na pintura ainda pode ser gratificante a* "arte ingénua", *na literatura a ingenuidade não compensa. Até porque o artista e o poeta têm a obrigação de trabalhar com um material quotidianamente desgastado, como é a Língua. Se não tentar dominar perfeitamente a língua e recriar a capacidade sensibilizadora das palavras, não consegue realizar nenhum resultado pertinente.*

"*E isso implica conhecimento de técnicas, de modos de expressão, de oficina. O artista é um artífice e tem que conhecer as técnicas da sua arte; até para as transgredir, porventura renovar, afastar, o que implica um domínio seguro dessas técnicas.*

"Claro que a poesia não é apenas uma técnica. O poeta deve ser um criador e um amplificador da experiência do mundo e da vida. E isso implica outras coisas que estão para lá da técnica: aprofundamento das experiências pessoais, busca de uma fala original, as quais estão para lá das fórmulas codificadas. Só nessa medida é que a arte é conhecimento, porque é alargamento e aprofundamento."

III — "NA POESIA A PALAVRA PROVOCA A PALAVRA"

Pergunto ao poeta de **Sobre a noite e a vida** se a sua "escrita é torturada, de partejamento difícil". Responde:

"Não diria muito. Mesmo na prosa estou habituado a escrever devagar. É uma escrita seleccionante: muito atenta até aos valores da sonoridade, atenta aos valores de significação; atenta a evitar a repetição do já ouvido. E, nessa medida, é uma escrita vigilante e laboriosa.

"Mas há poemas que, às vezes, saem na sua forma definitiva e até não buscada. Há certos recursos que podem parecer retóricos, muitas esdrúxulas, aliterações, que vêm naturalmente, na corrente do inconsciente das palavras. Mas há outros que são objecto de travejamento mais complexo. O poema Por sítios sismos signos clandestinos *é um poema mais laborioso. O poema* Alentejo *saiu-me na sua forma final. Não quer dizer que seja mais conseguido, mas é diferente.*

"Aliás, ao contrário da prosa, em que a arte obedece a uma ideia, na poesia a palavra provoca a palavra e provoca a ideia muitas vezes, pelo menos comigo. Raramente um poema sai de uma ideia. Sai de um verso encontrado, embora para trás possa haver uma intenção. Simplesmente não vamos ter a ingenuidade de supor que o inconsciente é absurdo. Ele é vigilante.

"Daí que grande parte da experiência surrealista seja falsa. O que é, é outra forma de realidade, que é criada por contraste das palavras e dos conteúdos que as palavras têm ou podem acordar."

Retomo, então, um assunto muito falado e discutido no final dos anos 60, sobre a utilidade da literatura, e transponho-o para os dias de hoje, com a seguinte formulação: "O que significa, ou, se quiser, para que serve escrever neste nosso mundo ocidental, pretensamente moderno porque tecnocratizado, computorizado?"

Há um sorriso que aflora aos lábios finos de Orlando de Carvalho, mas logo morre, deixando lugar à resposta:

"Aquilo que o computador ainda não deu, tirando algumas experiências meramente curiosas, foi arte. Não cria, o computador. Reproduz, multiplica as impressões que lhe dão. A arte deve ser hoje o espaço, um dos espaços de hominidade por excelência. Além da acção histórica, que o computador também não faz, a criação artística é uma dimensão humana, diríamos, irredutível. Dalguma maneira hoje, neste mundo tecnocratizado, a arte terá uma outra função, que é a de ajudar os homens a serem homens na plenitude da palavra."

Ligo a esta questão a decorrente do entendimento que Eluard tinha da poesia. O grande poeta francês pedia à poesia que "desse a ver". Quero saber de Orlando de Carvalho se ele considera que "um poeta é um mero mediador entre as realidade e as situações e os homens".

"O poeta — diz *— é um homem que deve dar a ver, de certa e irredutível maneira. O poeta não é um puro mediador. É um mediador-transformador. E, nessa medida, a sua intervenção é fundamental para, usando uma expressão de um poeta, "reconhecer o universo", no sentido de o fazer nascer de novo com. Quem disse isso, Claudel, teria uma intenção mística, e essa não é a minha posição. Mas, o que é certo, é que esse dar a ver o mundo e a vida, como se fosse cada dia novo e ao mesmo tempo com o conhecimento perfeito de que não é novo, essa função é que me parece ser a função fundamental, demiúrgica, do poeta. A tal* **poesis** *grega, criação."*

IV — "SER MODERNO E SER VELHO EM POESIA"

O tema que se segue foi objecto da segunda pergunta feita ao Orlando de Carvalho durante as quase duas horas de conversa, que decorreu no fim de tarde de um dia de tempo incerto, num dos últimos dias do passado mês de Março.

Porém, a lógica a que submeti as muitas páginas de apontamentos então tirados para a escrita desta entrevista, coloca a que foi a segunda como penúltima questão. Garanto, no entanto, a fidelidade da formulação da pergunta. Disse: "Ser moderno e ser velho em poesia, o que é?"

Respondeu o poeta:

"A poesia que nos toca é sempre jovem, embora possa exigir mais ou menos esforço. Não é a mesma coisa ler Camões, Dante,

Milton, ou ler a linguagem do nosso tempo, porque muitas vezes os paradigmas que a poesia usa vão mudando.

"*Agora a grande poesia, a moderna, é a que consegue ser jovem em cada momento histórico, em certo momento, para lá de questões circunstanciais, que o leitor desperto deve distinguir. Há aspectos que envelhecem em toda a obra de arte, mas poesia moderna é a que constitui uma escrita poética suceptível de despertar, no nosso tempo, a emoção estética e humana que se destinou a produzir, que varia conforme o leitor, a época, mas que se encontra polarizada naquele texto.*

"*Nessa medida considero mais modernos certos sonetos de Camões que certos sonetos de Antero. Estes foram produto de elaboração de escrita menos densa.*

"*Poesia não moderna é a poesia de que o leitor se encontra desfasado; que o leitor descobre como relíquia histórica; cuja leitura é uma arqueologia. Claro que não quer dizer que não haja evoluções formais. A própria técnica poética também evolui, menos, evidentemente, que a pictórica ou a das artes plásticas, que tiveram modificações mais marcantes que a poesia.*

"*Há todo um instrumentário poético ultrapassado, aquele de que se abusou nos séculos XVII e XVIII, classicizante, da mitologia, que hoje nada diz à comunicação.*

"*Entendo que chegou a altura, na poesia portuguesa, de se vencerem certas escolas, divulgadoras de uma nova retórica, designadamente por influência dos linguistas, dos retóricos da linguagem e de alguns filósofos, como Heidegger. Até porque muito do que eles disseram (recordo Barthes) vale fundamentalmente para a poesia que conhecem. E Barthes conhece a poesia francesa. Ou então, vale para as intenções antropológicas e filosóficas que eles defendem: é o caso de Heidegger, com o seu neo-idealismo, da busca do ser profundo. Essas escolas estão a pesar muito entre nós. A tal ponto que certa crítica não faz senão uma aplicação escolar, epigonística, dessas teorias, estando, pouco a pouco, a converter a poesia portuguesa — o que é grave — numa poesia 80% ilegível, a não ser por iniciados. E mesmo assim...*

"*O poeta escreve presuntivamente para o poeta da mesma escola. De certo modo, há uma recuperação da poesia pura, esquecendo-se aquela dimensão humana da poesia que, desde os gregos, passando por todos os grandes poetas deste mundo, foi sempre a razão da expressão literária. Quer queiramos quer não, a poesia é expressão (já não digo comunicação) e quando ela se destina a não exprimir nada, nessa altura é praticamente um exercício egotista".*

É agora a minha vez de citar Rilke. Lembro a Orlando de Carvalho que o poeta alemão, na primeira das Cartas a um Poeta, afirma que "para penetrar uma obra de arte nada pior que as palavras da crítica, que apenas conduzem a mal-entendidos mais ou menos felizes". Peço-lhe que comente.

"O crítico — declarou —, quando se assume como puro transmissor de ideias pré-concebidas, pode ser um castrador de poesia. Quando, pelo contrário, tem a inteligência, sensibilidade apurada para ler o texto, perceber os seus sentidos, descobrir sentidos a que o próprio autor não chegou, nessa altura é um leitor exemplar de poesia e suscitador de criação poética. Aliás, um dos meus prazeres é ler poesia de todos os tempos, às vezes da mais difícil, da mais aparentemente velha, tentando descobrir o que nessas obras é capaz ainda de me comover.

"Gostaria de fazer uma antologia, todo o poeta tem consigo uma antologia, designadamente uma de poesia da nossa Língua. E devo dizer que tanto me sensibiliza um poeta clássico como um cultista, um romântico como um poeta simbolista, ou um poeta moderno. Quer dizer, não podemos fazer exercício de crítica submetendo às coordenadas da nossa razão outros sistemas de racionalidade e de comunicabilidade. Mas não podemos desistir de buscar, em cada etapa histórica e cultural, os estímulos, lições e similitudes com os nossos actuais e pessoais problemas".

V — EM LOUVOR DA EPOPEIA E DA ÉPICA

Decido: a última pergunta desta entrevista ligar-se-á à primeira. Daí o regresso ao livro **Sobre a noite e a vida**. Digo:

"Este livro é uma seleção de poemas de 25 anos de produção. Isso tem alguma coisa a ver com o que julgo ser um dos traços mais fortes da sua personalidade, que se objectiva numa constante exigência de rigor e a que também poderia chamar sentido de responsabilidade histórica? Nestes 25 anos fez muito mais poesia do que a que selecciona no livro?

Respondeu Orlando de Carvalho:

"Escrevi outras coisas, que deitei fora; outras coisas que guardei para mim; além de outras coisas. A mais disso, entendo que a arte não

deve ser inútil. A arte que não tem pelo menos uma feitura aceitável, não a admito. É apenas uma espécie de caliça literária.

"Claro que há também a ocupação profissional. O Direito é uma forma de pensamento muito árida, um pouco logicista e racionalizante, que não se compadece muito com a aura poética, digamos assim. Embora não seja uma coisa tão diferente que nas minhas coisas jurídicas não haja um sentido conotativo da linguagem que deve, um pouco, à minha vocação poética.

"Mas como entendo que o Direito deve ser cada vez mais uma ciência rigorosa, contra as visões tradicionais exegéticas, repetitivas, isso fez com que tivesse que destruir um pouco a ideia de que se pode ser muito bom jurista para poeta e muito bom poeta para jurista. Até porque tomo muito a sério os aspectos profissional e poético.

"Não escrevo por exibição, mas porque penso que corresponde a uma vocação profunda. De certo modo, a arte é a forma mais responsável de intervenção, além da intervenção que o indivíduo deve ter no plano da acção. Mas, no plano da expressão, a arte é a forma mais responsável de intervenção.

"E respeito muito a nossa tradição cultural literária e o horizonte dos leitores possíveis, para lhes estar a dar coisas mais ou menos supérfluas. A arte não é, para mim, uma forma de comprazimento pessoal, mas um risco que eu tomei com todas as precauções do risco. Daí, talvez, o espaço histórico deste primeiro livro.

"Acho que a dimensão epopaica da nossa poesia tem sido diminuída desde o século XIX, sobretudo com a Presença (isso é visível, por exemplo, na sua relativa desvalorização do Camões épico) e com os modernos, que são avessos a tudo o que de construção, memória, comunicação social, criação de emoção colectiva, a épica representa.

"Sempre de alguma maneira me repugnou essa diminuição da importância da épica. Como, aliás, todas as tentativas de leitura o menos possível epopaica da própria épica, que alguns dos melhores críticos portugueses hoje oferecem.

"Gostaria de lembrar que não só os maiores poetas do mundo foram épicos, como modernamente a importância do discurso épico ressalta nalguns dos grandes poetas deste tempo: Maiakowski, Saint John Perse, Victor Hugo (hoje recuperado), Claudel, Neruda. Bem, eles não tiveram medo do discurso, o que é importante.

"É claro que a épica tem o seu enorme risco: na medida em que é narrativa, ser seca; em que é crítica, ser moralista; na medida em

que é histórica, ser polémica; e na medida em que é ampla, ser porventura excessiva. Mas grande parte da memória universal da cultura e das experiências, mesmo hoje, de universalização dos sentimentos, está na poesia de dimensão épica.

"Eu lembro que grandes poetas portugueses estão a ser desvalorizados modernamente: porventura o melhor de Junqueiro e Gomes Leal, citando esses dois. A sua intervenção produziu algumas das obras poéticas de maior eco no seu tempo e elas estão hoje desvalorizadas.

"Ora eu pensei que, nessa linha, embora nas condições experienciais do nosso tempo, deveria recuperar um pouco tal dimensão, designadamente sobre os grandes acontecimentos, como foi a Revolução de Abril.

"O poema" (é a *Por sítios sismos signos clandestinos* que Orlando de Carvalho se refere) *está cheio de alusões a factos históricos concretos: o episódio do Santa Maria, o sobrevoar do País por Humberto Delgado, a tentativa de insurreição de Beja, os presos políticos, a resistência, a clandestinidade, a morte de Catarina Eufémia, a morte do pintor Dias Coelho, o assassínio de Humberto Delgado e, mais claramente, os episódios pós-25 de Abril, os estrangulamentos da revolução e do fenómeno revolucionário.*

"Tudo isto está lá, embora de uma forma que a sensibilidade poética do nosso tempo possa aceitar, dentro de um discurso não naturalístico. E eu, não sei, mas considero que esse esforço é destinado a reter, a um nível de uma forma particularmente exigente de expressão vocabular, alguns dos traços da nossa memória colectiva de ontem e de hoje.

"Um poeta não é neutral. Eu não sou neutral. Há escolhas pessoais. Há, por certo, criação de não consensos, mas o que se busca é que, apesar disso (e já tenho experiência de alguns leitores, que nem concordaram com a revolução, mas que respeitam esse direito), se alcance a expressão das nossas comunhões mais profundas.

"Nessa medida, creio que o meu livro, que não busca ser neo-realista, todavia é um livro de estética socialmente comprometida".

(Publ. em *o diário*, de 13-4-1986)

31

COIMBRA, O DIREITO, A ARTE, A POESIA

(Entrevista a EUGÉNIO ALVES e a RIBEIRO CARDOSO)

— *Coimbra é um mito que tem que se destruir.*
— Porque diz isso, professor?
— *Porque o saudosismo coimbrão é uma coisa do séc. XIX, princípios do séc. XX, que constitui um dos males da sociedade portuguesa.*
— A saudade?
— *Sim, a saudade. O mito da elite disponível que faz depois, na vida, o contrário do que dizia que fazia. Estou farto de conhecer gerações de estudantes: casam, cresce-lhes a barriga, há como que um dessoramento progressivo em que talvez aí uns dez por cento de alguma maneira permaneçam fiéis aos ideais da juventude.*

Encontramos o professor Orlando de Carvalho em Lisboa, no mês de Agosto, passando uns dias fora do seu *"habitat"*: a Coimbra onde vive há 42 anos, e de cuja vida académica, cultural e cívica é um dos símbolos mais significativos.

Os dois redactores que com Orlando de Carvalho conversaram numa noite destas, jantando e ouvindo música num bar-restaurante lisboeta, conheceram o professor Orlando na década de sessenta, quando, em tempos difíceis, ele convivia alegre e conscientemente com os estudantes. E uma imagem continua bem viva: em plena crise de 69, com Coimbra tomada de assalto pela polícia, pelos cães e pelos cavalos, que tentavam assustar os estudantes em greve a exames, o professor Orlando de Carvalho, solidário como sempre com as causas justas, descia, firme, as escadas monumentais, para entrar na Associação Académica sob os aplausos dos alunos da sua Universidade.

Quase vinte depois, o mesmo Orlando de Carvalho estava ali à conversa com dois amigos — que a amizade é para se cultivar. Não foi uma entrevista. Apenas e somente um diálogo informal, uma troca de impressões sobre assuntos que iam caindo na mesa ao ritmo das recordações. E o que se perdeu em rigor — aquele rigor a que Orlando de Carvalho nos habituou nos seus testemunhos públicos — ganhou-se em espontaneidade. Foi com toda a naturalidade que o professor nos falou de Coimbra e daquilo que nos pareceu um certo desencanto a morar dentro de si.

— *Não é bem isso. Não diria desencanto. Coimbra tem coisas agradáveis* — *respondeu. A paisagem bucólica, uma grande beleza, a curva do rio, uma luz especial — é um local talhado para ter uma coisa que nunca teve: uma Escola de Belas Artes. Ora bem: acompanhei muitas coisas coimbrãs, pois nunca me limitei a uma vida exclusivamente universitária. Mas agora parece-me que Coimbra está pior, do ponto de vista cultural, do que estava antes, talvez porque se confiou em que a Universidade faria coisas que não fez (excepto do ponto de vista social). Desapareceram coisas como o Clube de Cinema, o CITAC perdeu força, o TEUC em certa medida também. Neste momento o Teatro Gil Vicente é o único lugar cultural que se criou, digamos assim, mas as pessoas que lá acorrem são poucas.*

Irrespirável

— Mesmo os estudantes? — perguntamos

— *Os estudantes vivem numa grande concorrência. São, agora, mais competitivos, mais preocupados com os resultados dos exames, com o assegurar uma situação pós-universitária. Vivem em angústia.*

— Não é para admirar — a crise, a proliferação das universidade particulares...

— *Pois é. A proliferação de universidades, o modo como esse fenómeno se tem processado, os motivos que estão na sua génese, a qualidade do ensino...*

— ...Quer dizer que as novas universidades não têm o nível que seria de exigir?

— *O assalto às possibilidades que o PS criou de abrir universidades particulares tornou o clima universitário irrespirável. As novas universidades são caracterizadas por não terem investimentos fixos, por não criarem cursos que obriguem a investimentos. Toda a inscrição, nessas universidades, resulta em benefício. Os cursos que se criam são sumptuários, mais ou menos inúteis numa sociedade como a nossa. Há uma hipertrofia de cursos de Direito, Psicologia, História, num país que está saturado de licenciados desses ramos. Não se investe em Faculdades técnicas, como a de Medicina, para dar só um exemplo. Pelo contrário: as outras é que proliferam. Neste momento há, no ensino oficial, 1200 lugares em Direito, enquanto no ensino particular o Ministério da Educação autorizou qualquer coisa como 4000! E como o ensino oficial é, apesar de tudo, mais rigoroso, as pessoas que nele não podem entrar por falta de nota, vão para o particular...*

— *...desde que tenham outras notas, no bolso, claro...*

— *É isso. O dramático é que estamos a assistir à destruição do ensino, até porque as universidades particulares vivem à custa das oficiais. É lá que vão buscar os docentes. Há professores a dar aulas ao mesmo tempo em duas e três universidades, o que é ruinoso especialmente para os assistentes que não podem, naturalmente, nessas circunstâncias, fazer qualquer preparação científica. A situação é gravíssima. Estamos a assistir à degradação do ensino oficial, obrigado a uma concorrência infrene com as particulares que passam diplomas sem qualquer controle. Acontece até que há entidades oficiais, bancos por exemplo, que dão preferência a alunos saídos de universidades particulares...*

— Com alguma ironia, e a propósito dos efeitos que toda esta situação tem na Universidade de Coimbra, o prof. Orlando de Carvalho foi adiantando:

— *Do meu ponto de vista a Universidade de Coimbra está a converter-se, progressivamente, na Universidade das Beiras. Ou melhor: da Beira Central, porque agora há também as de Aveiro e da Covilhã.*

— Que saída para essa situação?

— *A única saída é a Universidade de Coimbra e as outras oficiais tornarem-se em centros muito mais exigentes do ponto de vista cultural e selectivo. Simplesmente isso seria muito grave para os alunos economicamente mais débeis.*

Intermasturbação

Catedrático de Direito, presidente eleito do Conselho Pedagógico da Faculdade de Direito da Universidade de Coimbra, onde rege as cadeiras de Direito Civil, Teoria Geral, Direitos Reais, Direito das Empresas, Direito Comercial e Teoria do Direito e do Estado, Orlando de Carvalho, nem de perto nem de longe se esgota nesse ramo do saber. Homem de vasta e profunda cultura, interessa-se particularmente pela poesia e pela literatura em geral. Recentemente editou um livro de poesia longamente esperado: **Sobre a Noite e a Vida**, já praticamente esgotado (na próxima edição de **Ler e Escrever** sairá uma análise crítica de Pedro Alvim).

— *Sou basicamente um homem de letras* — disse Orlando de Carvalho. *Fui para Direito por cedência e tive a desgraça de ser bom aluno. Se assim não tivesse acontecido seria hoje certamente um diplomata e faria poemas. A literatura, de um modo geral, é uma das minhas paixões.*

— Por falar em poesia: quais os seus poetas preferidos?

— *São tantos...*

— Só alguns...

— *Sei lá! Homero, Virgílio, Dante, Camões (sou camonista ferrenho), Milton, Shelley, Keats, Whitman, Rilke, Rimbaud, Maiakowski, Brecht, Ungaretti.*

— e dos poetas portugueses actuais?

— *Há, sem dúvida, bons poetas portugueses. Dos vivos direi Eugénio de Andrade, Sophia de Melo Breyner, Herberto Helder (nalgumas coisas, noutras não...), Ramos Rosa, Gedeão, Manuel da Fonseca, Veiga Leitão, Mário Dionísio, Miguel Torga, Joaquim Namorado ele mesmo (lírico-crítico-satírico); o Graça Moura tem coisas engraçadas...*

— Apesar deste rol...

— *E são apenas os que de momento me vêm à memória...*

— ...Certo, mas apesar desse rol a verdade é que o professor, em entrevista recentemente dada ao David Lopes Ramos, de "o diário", dizia que a poesia Portuguesa era aí 80% ilegível, a não ser por iniciados...

— *Dizia e digo. Grande parte da poesia portuguesa actual é de retorno, de eco. Os seus autores utilizam códigos que só eles conhecem, e com eles se deleitam numa espécie de intermasturbação. E para se julgarem muito populares, acontece que fazem depois uma espécie de jogos florais pela província e pelo estrangeiro em que essa intermasturbação se torna mais acessível...*

— Na entrevista atrás referida o professor afirmou também, a propósito da poesia, que "se não dizemos nada a ninguém escusamos de estar a escrever". O que é quis dizer com **Sobre a Noite e a Vida**?

— *Quis dizer aquilo que lá está...*
— *E o que é que lá está?*
— *Coisas de tipo íntimo, confessional, familiar, de tipo mais social e até coisas ligadas à vida histórica portuguesa dos últimos tempos...*

Antiépica

— Em **Sobre a Noite e a Vida** o professor reuniu poemas escritos ao longo de vinte e cinco anos, alguns deles já públicados em jornais e revistas. Porquê o livro só agora?
— *Bom, era uma espécie de filho recesso. Tinha que o públicar, se não rebentava... São na verdade poemas de 25 anos, que têm várias fases. Tive uma primeira fase versilibrista e até um pouco retórica e por isso voltei à forma clássica, cansado dessa fase. A poesia ou é rigor ou não é nada. O poeta é para mim um aedo, um homem que diz de certa maneira, mais elaborada, com uma técnica que fixa certas coisas que interessam à memória colectiva. Foi isso que fez a poesia épica, que esteve e está em desvalorização. Há todo um movimento no sentido de dizer que o épico está ultrapassado, que o épico era sobretudo lírico, como aconteceu com o Camões. Isso repugna-me. Os maiores poetas do mundo foram épicos.*

(Chegado aqui, Orlando de Carvalho acendeu um cigarro.
Fez um certo silêncio.
Voltou de novo a falar.)

— *Considero lamentável que as homenagens ao 50.º aniversário da morte de Pessoa, se tenham transformado numa espécie de elogio da antiépica ou da épica impossível — que foi aquilo que Pessoa fez na* **Mensagem***. Ora, a* **Mensagem** *é justamente o soberbo exemplo de um lírico que não consegue ser épico. E a verdade é que estes governos sucessivos têm maltratado Camões. Pessoa é um grande poeta, apenas. Nunca foi épico nem é o homem da memória colectiva portuguesa.*

Romance

— Até agora falámos apenas de poesia. Mas em Portugal não há apenas poetas...
— *Bom, é costume dizer-se que Portugal é um País de poetas.., Mas é verdade que noutros géneros literários há coisas muito boas no*

nosso país. Por exemplo, no romance. Temos afirmações nesse género muito importantes...
— Quais?
— *Tivemos algumas boas cabeças de construção romanesca que não costumam ser citadas — e por aí devo começar.*
— Avance, professor...
— *Júlio Dinis — e certamente muito boa gente ficará admirada por o dizer — foi talvez dos mais dotados na construção romanesca. Claro, o melhor Camilo e o Eça. Depois disso caiu-se um bocado. Temos esse grande romance que é o* **Mau Tempo no Canal**, *do Nemésio,* **O Jogo da Cabra Cega**, *do Régio, a* **Casa Grande de Romarigães**, *do Aquilino, depois o neo-realismo com obras como* **Fogo na Noite Escura** *e* **Barranco de Cegos**, *mas tudo isso, digamos, perdido na paisagem... Agora, na actualidade, apareceram grandes romancistas, como é o caso de José Saramago, Mário Cláudio (notável efabulação), Mário Ventura Henriques (pelo menos com* **Vida e Morte dos Santiagos**), *já não falando da Agustina (***Sibila**, *por exemplo), e Cardoso Pires (***O Delfim** *é um grande romance, o seu apogeu). E o Baptista-Bastos (***Cão Velho entre Flores** *é notável). E não poderei também deixar de referir uma mulher que já não escreve há muito tempo mas é autora de um dos melhores romances que se publicaram em Portugal —* **A Origem**. *Falo de Graça Pina de Morais.*

Consciência

Durante a conversa Orlando de Carvalho confessou que tem na forja a publicação de um conjunto de escritos de intervenção política, de crítica cinematográfica e literária e também de filosofia. Trata-se de uma recolha de coisas já publicadas e de algumas inéditas. Além disso, adiantou, quer publicar igualmente coisas de Direito, pois um profissional tem que ter um mínimo de consciência. Em preparação estão dois trabalhos: Lições de Teoria Geral de Direito Civil e Direito das Coisas. Quanto à poesia, mais devagar:

— *Não tenho horas para escrever poesia. É uma arte laboriosa. Embora haja muita gente a pensar que é uma coisa fácil, não é assim. Além do mais, o que publiquei compromete-me com um determinado tipo de poesia. Acrescentar o património das palavras inúteis neste País é um luxo a que não pode dar-se um intelectual consciente.*

Deixamos então a literatura. Orlando de Carvalho é um homem que tem mantido ao longo da sua vida uma constante e importante actividade cívica e política. Chegou a estar preso, por duas vezes, em 61 e 62. Da primeira vez foi acusado de agitador político junto dos estudantes; da segunda era acusado de pertencer às Juntas de Acção Patriótica. Depois do 25 de Abril foi secretário de Estado da Reforma Educativa no 1.° Governo Provisório e, no MDP/CDE, foi membro da sua Comissão Política e Comissão Nacional. Como independente, integrado nas listas da APU, foi durante quatro anos, membro da Assembleia Municipal de Baião. Pertence ao Conselho Mundial da Paz. Falamos, pois, da sua vida política actual:

— *Estou reduzido à vida política do homem comum. Porquê? Porque sou homem com pouca apetência para a carreira política. Sou uma pessoa a quem o poder incomoda muito. Digamos, sou um pouco anarquista... Pertenço àquele estrato de pessoas que votam, difundem as suas opiniões, fazem a sua política quotidiana, mas sabem que não terão nunca qualquer espécie de influência ao nível das decisões políticas. A minha desgraça é que ainda continuo, depois de 40 anos de ditadura, a sofrer a política.*

A conversa continuou ainda por largo tempo, sempre com a música, excelente, do António Jorge Branco ao piano, muitas vezes a fazer lembrar propositadamente Coimbra e as baladas do Zeca Afonso. Do que então se disse não vem para o caso dar público testemunho. Registamos apenas a expressão de Orlando de Carvalho a propósito da música coimbrã:

— *Só foi de grande qualidade quando deixou de ser coimbrã. Quando se voltou para os temas nacionais.*

(Publ. em *Diário de Lisboa*, de 4-9-86)

32

DA POESIA, DA PALAVRA, DO DISCURSO

A minha atracção pela literatura e, especificamente, pela Poesia, tem, com certeza, um coeficiente genético: meu bisavô Luís já tinha certo pendor diarístico, de que me restam algumas páginas comoventes de uma espécie de diário de bordo da sua última viagem ao Brasil, em Outubro de 1884, no vapor inglês "Tamar", com meu avô Manuel pela mão; meu pai tinha uma forte vocação literária, de que são constante exemplo o seu empenho jornalístico tanto no **Flor do Zêzere**, que criou, dirigiu e estipendiou durante dez anos, como nos periódicos de que foi colaborador ou correspondente (**O Imparcial do Marco, O marcoense**, o **Serra bendita**, mas, sobretudo, **O Primeiro de Janeiro, O Século** e **O correio de Coimbra**), e não menos os numerosos exercícios poéticos, discursos, peças de teatro e cartas que escreveu desde a juventude até aos 72 anos com que faleceu e de que dá conta a selecção das suas obras, publicada em 1993 — exercícios esses, como eu digo na introdução da colectânea, não apenas com valor afectivo ou documental, mas, não raro, com verdadeiro interesse artístico.

Este coeficente e, sobremaneira, a atmosfera que me envolveu (em minha casa, o que havia eram livros), as festas escolares (a Festa da Árvore, a festa do Natal, as récitas, que sistematicamente se organizavam na escola de Fonseca, hoje "Escola Manuel Pereira de Carvalho", onde leccionava minha Mãe — tudo sob a *régie* de meu Pai, que era o grande génio destas iniciativas), o convívio doméstico — numa longa doença que tive aos oito anos, nunca esquecerei, já a convalescer, a voz dulcíssima de minha Mãe, lendo-me um livro de literatura feminina que a comovia quase até às lágrimas; lembro-me, todos nós, filhos, debruçados sobre a mesa brilhantemente iluminada pelo candeeiro de Petromax (ainda não havia electricidade em Fonseca), a ouvir a minha Mãe ler-nos a morte das árvores do herbanário, de **A morgadinha dos Canaviais**: que sentimento o meu! a poesia nascia ali ... —, a frequência das selectas, desde as da 4.ª classe com os seus poemas anónimos:

> *"Caem as folhas, uma a uma,*
> *Na relva verde do prado.*
> *São folhas dos castanheiros,*
> *Dos choupos e dos sobreiros,*
> *Do carvalho esburacado..."*

— uma difusa melancolia se evolava para mim destes versos pobres que a vizinhança de um grande castanheiro sobre um prado verde, ao pé de minha casa, fazia ainda mais verosímil — até às de cursos médios e às do 2.º ciclo dos liceus, com coisas de menor vulto (lembro-me de um poema, suponho que de Álvaro de Castelões, que me deixou um grande eco:

> *"Para adormecer num rio*
> *Junto aos pés de uma cidade*
> *Não foi feito o meu navio*
> *Que zomba da tempestade ..."*)

e outras já de algum porte (de Gonçalves Crespo, *O rosário*, de Fernando Caldeira, *As penas*, de Junqueiro, *Morena*, de João de Lemos, *A lua de Londres*, que, na sua cadência ultra-romântica, me ficou longamente no ouvido), e, nas selectas mais modernas, António Nobre, Augusto Gil, António Feijó, e mesmo o Fernando Pessoa da **Mensagem**. Claro que a frequência do liceu alargou e aprofundou estes horizontes, mas a minha sede de leitura (mais literária do que científica) foi sempre inesgotável. Lia tudo, desordenadamente, o que havia em casa, aos 8 anos fazia o meu primeiro poema, aos 11 anos uma tentativa de novela, aos 13 a minha primeira palestra (no 4.º ano do liceu, sobre **As viagens na minha terra**), aos 15-16, nas aulas de Literatura Portuguesa, comentários sobre **A brasileira de Prazins, A cidade e as serras**, os grandes episódios de **Os lusíadas** (que o professor, o Dr. Augusto César Pires de Lima, me fazia apresentar à turma inteira do 7.º ano de Letras) e três textos criativos (um sobre o Natal, outro sobre a comunhão solene e outro sobre uma história de lobisomens ouvida na minha terra e que teve foros de publicação no boletim da "Junta de província do Douro Litoral").

A poesia era, contudo, para mim, sobretudo música, rima e ritmo — amor, melancolia, indignação, paixão, contestação, vibração —, escolha de palavras significativas e, se se quiser, menos quotidianas ou mais aristocráticas, o que contribuía para uma arte, não digo, de "raros apenas" (nunca gostei muito da "sylva esotérica" de Eugénio de Castro), mas para *gourmets*, não para *gourmands*. Reconheço que a leitura dos clássicos e dos grandes seis e setecentistas me deveria ter convencido do meu erro. "Aquela cadela" de uma das trovas de Camões, como a "galinha" de uma outra, muito célebre, como muitos dos poemas de Bocage, de Nicolau Tolentino, do Abade de Jazente, provam que não há temas nobres nem palavras nobres. E que a música é muita e variada. Claro que com Correia Garção (*"A cantata de Dido"*), algum Filinto Elísio e, sobretudo, Garrett, descobri o encanto dos versos brancos:

> *"Longe, por esse azul dos vastos mares,*
> *Na solidão melancólica das águas,*
> *Ouvi gemer a lamentosa alcíone*
> *E com ela gemeu minha saudade..."*.

Mas foram Alberto Caeiro e Álvaro de Campos que me mostraram o encanto do verso livre, quase tanto, pelo menos, como Augusto Frederico Schmidt, Carlos Drummond e Vinicius de Morais, ou o Manuel Bandeira, a Adalgisa Nery e a Gilka Machado. Ao invés, a poesia de Casais Monteiro afugentava-me pela sua dureza. O verso branco e livre tem de ter uma força de ritmo, um *tempo*, como dizem os alemães, que supere a precipitação da frase e a distinga da prosa pura e simples. Talvez o meu ouvido estivesse um pouco deformado pelo classicismo das formas, mas, mais tarde, vim a descobrir com Saint-John Perse que o verso livre é tecido de sub-versos de cinco, seis, sete e oito sílabas laboriosamente encadeados, como se diz em cinema, que o grande verso livre é uma montagem. Aliás, o característico de Maiakowski é justamente uma montagem quase eisensteniana. Foram esses segredos da forma, como da rima, da consonância, da aliteração, que explorei depois no **Sobre a noite e a vida**: o relevo dos sons ou da repetição deles para a toada, o sentimento, o encantamento do verso. Como na célebre estrofe de **Os lusíadas**, a repetição das consoantes líquidas:

> "*As filhas do Mondego a morte escura*
> *Longo tempo, chorando, memoraram*
> *E por memória eterna em fonte pura*
> *As lágrimas choradas transformaram...*"

O neo-realismo de 40 (e já então havia vários, desde o épico-régico-apostrófico de *Incomodidade* até ao lírico discreto do Arquimedes da Silva Santos, quase na linha do Políbio Gomes dos Santos, ao intimismo, quase clássico, do João José Cochofel, e ao superior e quase inimitável do Álvaro Feijó) padeceu, na sua linha mais significativa, de uma preocupação de desconstrução formal, de mal-fazer, de destruir o ritmo, em que o mestre dos mestres da nossa novidade rítmica, António Nobre, foi muito imperfeitamente assimilado, a ponto de, salvo nos *Dois sonetos de amor da hora triste*, de Álvaro Feijó, ter continuado único, irrepetível, em toda a poesia portuguesa: ao pé dele, F. Pessoa, Sá Carneiro, C. Pessanha, Carlos Queiroz (cujo **Desaparecido** é um livro soberbo), Régio, Torga, etc., permanecem antediluvianos, hiper-clássicos, não fugindo a isso o próprio Gomes Ferreira, o próprio Jorge de Sena e assim por diante. Conseguida, embora com acento diverso, é a rítmica de Sofia de Melo Breyner, já que Eugénio de Andrade se inclina para a desmontagem (magnífica, aliás) e o Ramos Rosa e, sobretudo, o Herberto Helder, vão na linha do versilibrismo ou do versículo. Com eles quase que digo os meus mestres, só acrescentando o Afonso Duarte e, antes dele, o Gomes Leal (das inimitáveis toadas oníricas:

> "*O vestido de noivado*
> *Da rainha de Kashmir...*"),

a Florbela (não no soneto, mas no espasmo orgástico que a atravessa), o António Botto (o desfolhamento lírico-rítmico das *Canções*) e, acima de todos, embora ferindo-me com a sua geometria, o espantoso Cesário Verde.

Os temas, os temas, os temas ... Não há neófito que não se estorça com isso, principalmente os nossos, herdeiros de Quental, de

Pessoa, da busca exasperada de uma *"tête philosophique"*. Mesmo sem sabermos de Novalis, de Hölderlin, da *"Dichtung und Wahreit"*. Mas Camões fez-me desvalorizar esses temas. Ele só tem um: o amor (além das pilhérias) e deu-nos dez das mais belas canções da poesia universal. Montaigne, com os seus ensaios, não faz poesia; Lamartine, nas meditações, fê-la apesar destas. E Rilke, com os seus milhares de pretextos, tem uma obra-prima, as *Elegias de Duíno*, em que o tema é ele e o seu misogenismo. A poesia não são temas: são poemas, isto é, unidades semântico-rítmicas indissolúveis. *"Descalça vai para a fonte..."* não é um quadro de Manet: é um conjunto estrófico em que, além do mote, há duas septilhas, em redondilha maior, onde, a mais da figuração e da sua móvel leveza, há uma eufonia em que às palavras certas e concretas do descritivo — "cabeça, pote, testo, mãos, cinta, escarlata, sainho, chamalote, vasquinha, cote, touca, garganta, cabelo, fita" — se aliam pouquíssimos adjectivos ou metáforas, de resto extremamente singelos; "mãos de prata", "fina", "mais branca que a neve pura", "de ouro entrançado", "cor de encarnado", "chove nela graça tanta/que dá graça à formosura". O mistério está no acasalamento entre essa concreção e discreção e o último verso do mote:

"Vai formosa e não segura",

repetido no fim de cada septilha — que ecoa no espírito como a vulnerabilidade e o perigo de toda a beleza inerme. Ou, como no poema de João Ruiz de Castel-Branco:

"Que nunca tão tristes vistes
Outros nenhuns por ninguém".

O eco do "tão tristes vistes" e a insistência dos "outros nenhuns" tornam o poema inimitável em qualquer prosa, pintura ou escultura. Ou, no moderníssimo Cesariny:

"E nós dois ainda fôssemos pouco
Para uma tempestade de cor".

Esta exaltação das palavras, este levá-las a uma como que tensão agónica ou paroxística, para lá de todo o sentido, de todo o som, de toda a imaginação, pareceu-me sempre o que caracteriza a poesia. Um excesso de ideia pode matar. Apesar da grandeza de Antero, oh! a retórica de seu filosofismo! E nem falemos do excesso de sentimento, que não é o "dérèglement de ses petits sens" de que falava Rimbaud (de resto, tão contido: *"O saisons, o chateaux!"*), mas um "derrame" das veias quase a pedir uma sangria ou um coagulante; e que liquida 80% de Junqueiro e os manifestos do nosso modernismo ou do neo-realismo. Apetece repetir Saint-John Perse:

"Qu'ils n'aillent point dire: tristesse..., s' y plaisant — dire: tristesse.... s'y logeant, comme aux ruelles de l'amour".

A dicção da poesia italiana não herdeira de D'Annunzio (que também desborda de sentimento), ou seja, de Ungaretti, de Montale, de Sabba, de Quasimodo, ensinou-me muito. Um certo anti-discurso, o peso das palavras cheias e densas, como muito António Machado, todo o Melo Neto, e, entre nós, o último Carlos de Oliveira e o Eugénio de **Ostinato rigore**, mostraram-me que é preciso ir ao cerne dos vocábulos, num caminho oposto à metáfora por dispersão ou aspersão de muita lírica portuguesa moderníssima, onde nunca se sabe se a poesia se esparge porque não tem centro e a poesia se converte numa espécie de aura sem rosto. Não a "nuvem de calças" de Maiakowski, mas a calça de nuvens que hesita entre o esmaecer dos cirros e a tromba de água. A poesia não é uma mera descrição (salvo na poesia épica, quando ocorra) e, por isso, é sempre analógica, remete sempre para um *aliud*. Da metáfora clássica transitou inevitavelmente para a metáfora indirecta, como que fazendo estalar os limites da conotação. Um tanto de virtualidade se inscreve nessa indirecção, mas o segredo é não cortar por completo a raiz, sob pena de se tornar puramente aleatória. A técnica das nomeações casuais deu isso, que, salvo quando há códigos de grupo pré-estabelecidos, se volve no paraíso dos *diletttanti*, dos versejadores, dos experimentadores, que, se pertencem a um cenáculo, estão próximos de chegar ao génio, se não pertencem, ficam à beira da frustração e da nevrose.

Com este regresso à palavra (que evoca o célebre lema de Husserl: *"Zu den Sachen selbst"*) e ao seu halo conotativo, não precludimos nem o seu valor denotativo (a "voz nua e descoberta", no dizer de Camões, que, como todos os génios da língua, deu o rigor perfeito a muitos dos nossos vocábulos) nem a importância do discurso, que estrutura, além da poesia épica, muito da mais imorredoura poesia lírica. Ó o admirável discurso de *Entre Babel e Sião*, ou do *VIII Poema do Guardador de Rebanhos*, ou da *Ode à noite* de Álvaro de Campos, ou do *Endymion* ou da *Ode to a nightingale*, de Keats, ou as *Elegias de Duíno*, etc., etc.! Mesmo na *Tabacaria*, descontada a efusão bárbara e provocatória, há um discurso não desprezível e que, se não fará do poema o mais belo texto do mundo, como se disse na celebração do centenário do nascimento, é dos instantes únicos da poesia portuguesa. O que eu não gosto de Pessoa é da sua perfeição na afectação, da sua infixidez, do seu jogo, que, apesar de admirável, o torna num dos mais geniais casos de histrionismo do mundo. Não direi que o poeta para mim é o *homo unius libri*, mas é o *homo unius fati*, o homem que, através das variações e dos contrastes, de todas as máscaras e metamorfoses, é um destino irredutível e irrepetível. O poeta cria-se e recria-se, mas não brinca, não blufa (de *"bluff"*), não faz *flirt* com a vida. Não que tenha de ser unânime e sincero ("Porque eu sou tudo, afinal!", proclama José Régio) e toda a arte é roleta, roleta russa, jogo cruel e mortífero, onde a alma se arrisca e expõe. Mas que seja voz sua e impiedosamente comprometida. Em cada verso que escrevo, sei que me dou, no que diga ou não diga. Ó se eles (os leitores virtuais) soubessem tudo, penso eu a cada passo! E sofro como num coma vígil. Além dos artefactos e artifícios, sinto-me como à beira de Deus. Mas sem a Sua misericórdia.

De todo o modo, insiste-se: o que é a poesia? Onde está?

O Carlos Queiroz tem uma tentativa belíssima no seu **Epístola aos vindouros e outros poemas** (publicado no vol. II da sua **Obra Poética**, ed. da "Ática", 1989):

Autêntico

"Surge, acaso, o Autêntico,
Mas difícil e raro.
É preciso ter faro
Apurado e concêntrico;

Depois, saber metê-lo
Dentro do verbo exacto,
Mas que fique do Abstracto
Preso por um cabelo.

Se o cabelo resiste,
Se o verbo não se parte,
Se o poeta faz arte
Sem saber, e persiste,

De nada mais precisa
Para ver que a poesia
É a fisionomia
Com que o tempo desliza."

O poema é óptimo e coincide com o que no texto eu digo sobre concentração, raiz conotativa do vocábulo, ainda que não se detenha no *bouleversement* da conotação, ou da metáfora, em que eu teimo. Ponto em que o Fernando Pessoa (ortónimo) é mais eloquente no seu admirável *Isto*:

"*Tudo o que sonho ou passo,*
O que me falha ou finda,
É como que um terraço
Sobre outra coisa ainda.
Essa coisa é que é linda."

O *aliud* para que a palavra ou a metáfora aponta é que é a essência do poema e o drama mais fundo da poética pessoana. Isso e a memória:

"*... O instante é o arremedo*
De uma coisa perdida."

Recordo Goethe:

" *Werd'ich zum Augenblicke sagen:*
Verweile doch! Du bist so schön!"
                    (***Faust***, I, 1700-1701)

e pressinto a tragédia da não duração do instante e da inevitável "caricatura" ou do *deficit* que toda a arte e toda a evocação constituem. Criação artística é sempre re-criação, e, por isso, falência. É o mortal que tende ao imortal. Além do empobrecimento que a palavra envolve (ainda que seja a mais rica e autêntica das recriações, enquanto nomeação que é; como diz Rilke:

"... *Estamos nós talvez aqui, para dizer: casa,*
ponte, fonte, porta, jarro, árvore de fruta, janela —
quando muito: coluna, torre...?, mas para dizer, entende-o,
oh! para dizer de tal maneira como mesmo as coisas jamais
pensaram ser tão íntimas (...).
Aqui é o tempo do dizível, aqui a sua pátria."

(*Elegias de Duíno*, IX),

repito, além do empobrecimento que toda a palavra é, a poesia é sempre um *post*, um *respicere in tergum*, uma *mnemesis*, uma coisa outra, que, embora carregada da dimensão do tempo e das vivências dele e nele, não deixa de conter o risco de um aborto, de um desacerto radical. De não levar àquele *aliud* e, talvez, a nenhures. Claro que há acertos mais ou menos fáceis, ou mais ou menos autênticos, como diz Carlos Queiroz. O êxito da arte reside na capacidade de surpresa e há surpresas mais simples, ou mais comuns, ou menos fundas. O que não tem muito que ver com a complexidade do poema, como vemos no de João Ruiz de Castel Branco, ou nos célebres versos de António Machado;

"*Caminante, no hay camino,*
Se hace camino al andar".

Por isso, a simplicidade de "*Ay flores, ay flores do verde pino*" nos comove tanto como o conhecido

"*Il pleure dans mon coeur*
Comme il pleut sur la ville..."

Mas, mesmo aí, a densidade é diferente, com vantagem para Machado ou para o verso de Éluard: "*La terre est bleue comme une orange*"

— exemplo de conotação levada ao limite, de sinestesia levada ao cúmulo, como quase no célebre epitáfio de Rilke, no cemitério de Raron:

> *"Rose oh reiner Widerspruch*
>
>   *Lust*
>
> *Niemandes Schlaf zu sein*
>   *unter so vielen*
>
> *Lidern"*

Em Castel Branco nem há metáfora — o efeito consegue-se pela simples reiteração dos sons ("tristes vistes") e pelo reforço do qualificativo ("outros nenhuns"). Em Verlaine pela contraposição do "il pleut" ao "il pleure" e pela impersonalização deste último que transforma a comparação simples numa identificação extrema por gramatical e semanticamente impossível. Em Machado, também não há metáfora e o *aliud* deriva da inversão do senso comum entre o "camino" do 1.º verso e o "camino" do 2.º (e a devolução a uma outra lógica, a outro nível de razão, que não é sem-razão mas razão outra). Em Éluard, a metáfora, além de chegar a uma razão outra, chega aí por uma remissão de "terre" a "bleue" e, de novo, de "orange" a "terre", o que dá um sentido equívoco e irradiante a "bleue", tornando-o duvidoso e ultra-sugestivo ou, se se quiser, desmitificando-o. Em Rilke a afirmação do "reiner Widerspruch" da "Rose", explica-se pelo "Niemandes Schlaf" que remete em *fied-back* para "Rose", referindo a multidão das pétalas-cílios cerrados. De um nível de conhecimento descritivo ou floral chega-se ao de um conhecimento imaginativo ou sensitivo absolutamente insuspeito e espiritual. "As coisas jamais pensaram ser tão íntimas", como o poeta diz na Elegia IX. O poeta é assim um desvelador, um recriador para lá da epiderme dos objectos e dos seres. Mas é preciso, como diz Carlos Queiroz, que, nessa fuga para o Abstracto, este fique "preso por um cabelo" ao concreto, ao ponto de partida, à coisa em si. Uma nomeação ou enumeração casual só pode ter efeito casualmente e não receio dizer que em 99% dos casos é um desastre.

                     Coimbra, 1998

ÍNDICE

Dedicatória	5
Pórtico	7
Prefácio	9
1. Acerca de *Vindima*, de Miguel Torga, e *Adolescentes*, de Casais Monteiro (1946)	25
2. José Régio: expressão actual da sua Obra poética (1946)	29
3. Carlos Bousoño: rumos da poesia espanhola (1946)	39
4. *Servidão*, de Assis Esperança (1947)	49
5. *El-rei Sebastião*, poema espectacular de José Régio (1950)	53
6. A Joracy Camargo e à III Caravana Oficial de Música Brasileira (1959)	57
7. Salvatore Quasimodo (prémio Nobel da Literatura de 1959) (1959)	59
8. O "escandalo" do último prémio Nobel (1959)	61
9. Albert Camus (1960)	65
10. A um ano de distância... (Marcel Marceau) (1961)	67
11. Saint-John Perse (1961)	71
12. Sobre *Forte Apache*, de John Ford (1961)	95
13. Mankiewicz e *Bruscamente, no verão passado* (1962)	97
14. Uma mensagem de esperança (a propósito de "*Dom Roberto*", de Ernesto de Sousa) (1963)	101
15. Acerca de *O leopardo*, de Lucchino Visconti (1963)	105
16. Acerca de *Uma vida difícil*, de Dino Risi (1963)	107
17. Georges Franju e *Os muros do desespero* (1963)	109
18. David Lean e *As filhas do Senhor Hobson* (1963)	113
19. Um desvio do neo-realismo para um neo-formalismo? (1963)	117
20. *Os melhores anos da nossa vida*, de William Wyler (1964)	119
21. *O último ano em Marienbad*, de Alain Resnais (1965)	125
22. Ponto de vista físico e ponto de vista psicológico no teatro e no cinema (1969)	135
23. *Flores para Coimbra:* um disco que fez história (1970)	141
24. Acerca de *O caso Mattei*, de Francesco Rosi (1974)	143
25. "*Avanti*", Billy Wilder! (1974)	151
26. Retrospectiva do expressionismo alemão ou A futurologia do passado (1974)	159

27. Uma teatralização de *Felix Krull* (1974) 163
28. Breves notas de um leitor de poesia (a propósito das traduções de Paulo Quintela da obra poética de Rainer Maria Rilke) (1976) .. 167
29. Evocação de José Régio (1979) 187
30. Da poesia, da palavra, da arte (entrevista a "*o diário*") (1986) .. 195
31. Coimbra, o direito, a arte, a poesia (entrevista ao "*Diário de Lisboa*") (1986) 205
32. Da poesia, da palavra, do discurso (1998) 213
Índice 223